中国古代

成语故事

房　露　主编

金盾出版社

内容提要

　　这是一套根据小学生新课标的要求给小学生准备的课外读物。这套丛书包括：《中国古代神话故事》《中国古代成语故事》《中国古代寓言故事》。本册书讲的是中国古代成语故事。成语是国学的精华，本书中有千金一笑、一网打尽、知音难得、百发百中、毛遂自荐等一百五十个左右的成语故事供小学生赏读。相信小读者看后会获益匪浅。

编写设计人员：王兰兰　张月梅　高书云　刘春颜　崔朝玲　张东娜　张美栓
　　　　　　　马丽霞　郑淑娟　许　扬　王　锐　赵新华　王　磊　姚海红
　　　　　　　刘风明　刘广永　刘献义　刘丙秀　江　秀　岳秀芝　孙俊英

图书在版编目（CIP）数据

中国古代成语故事／房露主编． —北京：金盾出版社，2016.4（2018.6重印）
　ISBN 978-7-5186-0631-3

　Ⅰ.①中…　　Ⅱ.①房…　　Ⅲ.①汉语—成语—故事—少儿读物　Ⅳ.①H136.3-49

中国版本图书馆CIP数据核字（2015）第272945号

金盾出版社出版、总发行

北京太平路5号（地铁万寿路站往南）
邮政编码：100036　电话：68214039　83219215
传真：68276683　网址：www.jdcbs.cn
双峰印刷装订有限公司印刷、装订
各地新华书店经销
开本：880×1230 1/32　印张：6.625　字数：169千字
2018年6月第1版第2次印刷
印数：4 001～7 000册　定价：22.00元

编者的话

小学生语文新课标对小学生阅读提出了指标性的要求。要求小学生"喜欢阅读，感受阅读的乐趣"，小学生应该"阅读浅近的童话、寓言、故事……"要求小学生通过阅读，"积累自己喜欢的成语和格言警句"。小学生语文新课标还对小学生课外阅读提出量化要求，每个小学生的"课外阅读总量不少于5万字"。根据小学生语文新课标提出的要求，本社特编辑、出版《中国古代神话故事》《中国古代成语故事》《中国古代寓言故事》。

《中国古代成语故事》包括：一窍不通、不可救药、退避三舍、有备无患、大公无私、不辱使命、围魏救赵等一百余篇成语故事。本书中收入的故事，生动曲折，浅显易懂，适宜小学生阅读。能让小学生身心愉悦，陶冶情操。

相信本书能够帮助小学生达到语文新课标对小读者阅读的要求，会受到广大学生及家长的欢迎。

目录

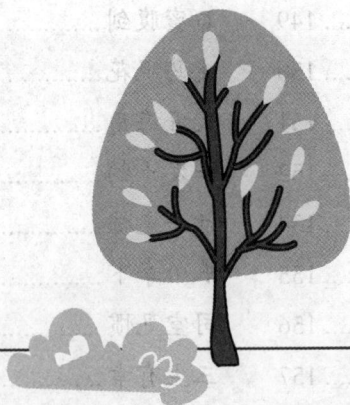

一窍不通

商朝最后一位统治者是商纣王，他有很好的武功。本来，他是一位很能干的君王，曾经建立过不朽的战功。

后来，商纣王非常宠爱妃子妲己，一天到晚陪着她饮酒作乐，根本不管国家大事。纣王听信妲己的话，残害了许多忠臣和无辜的百姓。

商纣王的叔叔比干对于纣王的行径十分生气，就诚恳地劝纣王："陛下不可以沉湎在酒色里，也不可以乱杀忠臣和百姓，你要为国家做些有益的事情呀！"

妲己知道后，心里很不高兴，认为比干是冲着自己来的，她对纣王说："大王，比干如果真的是忠臣，你就应该让他自己把胸膛剖开，把他的心肝拿出来献给大王做饮酒的菜呀！"

残暴的商纣王听了妲己的话，竟然不认为这是罪过，他说："对呀，我可以叫比干把心献给我呀！"

商纣王立即下令，赐比干剖胸而死。

比干也是老先王的儿子呀，这样一位地位显赫的王子，居然躲不过商纣王的屠刀。那时候，君让臣死，臣不得不死，比干只好遵旨，剖胸而死。

大臣和百姓对于商纣王的倒行逆施都非常厌恶，后来，周文王的儿子周武王终于在姜子牙的

辅佐下，率军进攻商纣王的首都，推翻了商朝。

这个故事记载在《吕氏春秋》中，书中的注解说："故孔子言其一窍不通，若其通，则比干不见杀也。"意思是说，所以，孔子说商纣王一窍不通，假如他心通一窍，就不会发生比干被杀的事情了。后人把这段话总结为成语"一窍不通"，常用来说一个人糊涂和笨拙透顶。

覆水难收

商朝末年，出了一位足智多谋的人物，他姓姜名尚，字子牙，人们都叫他"姜太公"。因为姜尚的祖上受封在吕这个地方，所以，人们又叫他"吕尚"。姜子牙辅佐周文王、周武王推翻了商朝，建立周朝，立了大功，后来封在齐，姜子牙是齐国的始祖。

姜子牙年轻的时候一点儿也不顺，他早年穷困，曾杀过猪、开过小饭馆，但始终脱不了贫困，连家里的生活也发生了问题。他的妻子马氏嫌他穷，不愿再跟他过下去了。姜子牙说："娘子，你再耐心等等，我有朝一日会得到富贵。"

马氏心想，你骗鬼呀？你都七十多岁了，还是白丁一个，你自己能吃饱肚子就不错了，还谈什么富贵呀？这不是在说空话吗？她怎么也不肯相信。

姜子牙没有办法，只好让马氏离他而去了。

后来，姜子牙隐居在渭水河边。为了让周文王姬昌发现他，他常在小河边用直钩钓鱼，他的钓鱼钩上还不挂鱼饵，他天天坐在河边的青石板上，嘴里还神神叨叨地说："倒霉的鱼儿呀，上钩来！"这样哪儿能钓上来鱼呀？

再后来，行为怪异的姜子牙真的被周文王姬昌发现了，周文王跟

他一聊，发现这个老头儿还真是个人才，任命他当了军师。周文王死后，姜子牙继续帮助周武王。后来，周武王率领大军推翻了商朝，建立了周朝。姜子牙被封为齐侯，姜子牙的前妻马氏见姜子牙真得到了富贵，后悔当初离开了他，竟然厚着脸皮找到姜子牙，请求与他重归于好。

姜子牙早已看透了马氏，他把一壶水倒在地上，让马氏把水收起来。马氏趴在地上收水，泼出去的水哪儿能收回来呀？她只收到了一些泥浆。

姜子牙板着脸，冷冷地对马氏说："你当初离我而去，就不能再走到一块儿了。这好比倒在地上的水，再也难收回来了——覆水难收！"

《后汉书》中出现过"覆水不收"这个词，宋朝《野容丛书》，记载了姜子牙拒绝妻子马氏的故事，这本书中的姜子牙说了"覆水定难收"这句话。后人把他的话总结为成语"覆水难收"，比喻做过的事，说出的话像泼出的水一样无法收回，不能更改。

不食周粟

商朝末年，孤竹国国君要把国君的位置让二儿子叔齐继承。孤竹君死后，他的二儿子叔齐和大儿子伯夷互相谦让君位，最后两位都逃出了孤竹国，他们听说周文王领导的周地有个奉贤馆，就想投奔周地。

这时，周文王已经死了，周武王准备讨伐商纣王。伯夷和叔齐认为周族是商朝的臣属，以下伐上是大逆不道的，他们二人拦住周武王的马头进行劝阻。

周武王不听伯夷、叔齐的劝阻，他认为，商纣王无道，坚持伐纣。

周武王推翻了商纣王，灭掉了商朝，建立了周朝，天下诸侯都归顺了他。

伯夷和叔齐这哥儿俩认为周朝的道德已经衰微，他俩一起逃往首阳山，不吃周朝的米粟，靠采薇维持生命，最后，二人饿死在首阳山。

这个故事出自《史记·伯夷列传》，后人把这个故事总结为成语"不食周粟"，意思是忠于旧王朝，对新的政权表示不合作的态度。但伯夷和叔齐忠于的却是荒淫无道的商纣王，伯夷和叔齐的这种做法是愚忠的表现。

不可救药

西周王朝后期，代表奴隶主阶级的王族越来越腐朽。周厉王即位后，对广大奴隶和老百姓压迫更厉害了。

周厉王贪财好利，独占天下的山林、河湖，不让平民百姓去这些地方打猎、砍柴、捕鱼。周厉王怕人民反抗，还派人监视老百姓，谁

敢议论朝政，就把谁杀死。

人民的忍耐是有限度的，强烈的高压必定招致强烈的反抗。广大人民忍无可忍，纷纷起来反抗周厉王的统治。

周厉王手下的老臣凡伯劝谏周厉王改变暴虐的统治，不要再一意孤行。

周厉王根本不听，一些奸佞的大臣为了讨周厉王的欢心，不但不规劝周厉王，反而讽刺凡伯不识时务。

凡伯非常气愤，他满怀激情，写了一首长诗，抒发自己内心的忧愤。他在诗中说："老夫我一片诚意，奸佞的小子们却骄横自得，我向大王进谏的不是老旧过时的言论，你们反而拿我开玩笑，你们的气焰炽烈如火，真是病到了不能用药救治的地步了。"

凡伯十分担忧，这样下去的话，人民必定会起来造反，周朝江山社稷的大厦将难保。果然，不出凡伯所料，广大忍无可忍的平民和奴隶终于拿起了武器，冲进王宫。

周厉王仓皇逃走，西周从此衰落下去，到了周幽王的时代，周平王的东周取代了西周……

这个故事来源于《诗·大雅》，人们把凡伯的诗概括为"不可救药"这句成语，"不可"是不能的意思，"救药"是用药来解救。这个成语的意思是说，身体坏到不能用药救治的程度了，有时候是说形势的严重性坏到没什么方法可以挽救了。

千金一笑

西周末代君主周幽王是个非常昏庸骄奢的人。

这年，诸侯国褒国向周幽王进献了美女褒姒，周幽王非常宠爱褒姒。褒姒却是个冷美人，她从来不笑。

周幽王不论请褒姒吃珍馐美味，还是赏她千金财宝，都不能让褒姒一笑。这可把周幽王愁坏了，要是把美人给憋屈坏了，该怎么办啊？

周幽王下诏说，谁要是献策把美女褒姒逗笑，就重赏谁。

这天，周幽王带着美人褒姒到骊山游玩儿。随行人员中有个奸佞小人叫虢石父，这个佞臣竟然出主意说："请大王下旨，把烽火台里的狼粪点燃。"烽火台是干什么用的？是在敌国入侵时，点火生烟报警用的。虢石父不懂吗？不是，他就是要让烽火台里冒出狼烟，让诸侯们带兵前来救驾，诸侯们来了，忙得团团转，美人褒姒定然开口笑出声来。

昏君周幽王竟然采纳了这个馊主意，派人在烽火台里点燃了狼粪，烽火台里冒出了滚滚狼烟。那烽火台不是一座，十几里就有一座，再往远处十几里又有一座，烽火台排成了一字长蛇阵，通往很远的地方。十几里以外的烽火台里的士兵见骊山的烽火台冒起了狼烟，以为敌国入侵，也点起了烽火，更远处的烽火台守卫见到烽火，也点起了狼烟。烽火台本来是古代中国人发明的传递情报最理想的办法，现在却成了周幽王哄美人发出笑声的娱乐玩具。

各地的诸侯接到狼烟报警，纷纷率兵来勤王保驾。来了一看并没有敌人，却见周幽王与美人在骊山城楼饮酒作乐。

褒姒见城下各路诸侯的兵马和车辆忙得团团转，觉得十分好玩儿，不禁拍手大笑："跟走马灯似的，真好玩儿！"

美人终于开启朱唇笑了，周幽王可乐坏了，他对下面的诸侯首领

说，"各位爱卿，没有敌情，我跟爱妃在这里饮酒。各位请回吧！"

各路诸侯见没有敌情，自己被耍了，非常生气，都率兵回去了。

虢石父出这个主意应该受到严惩，但是，他把美人逗乐了，不但没有受到惩罚，还受到周幽王的重用。

后来，当申侯联合犬戎的军队来进犯的时候，周幽王命令人再点起烽火，诸侯有上次上当的教训，谁也不肯带兵来救援。犬戎的军队攻下了首都镐京，杀死了周幽王，抢走了褒姒。西周也就灭亡了。

这个故事广为传播，宋朝词人张孝祥在《虞美人》的词中曾提到这个故事。明朝汤显祖《紫钗记》剧本中也提到过千金难买美女一笑的故事。后人把这个故事概括为成语——"千金一笑"，意思是博得美女一笑不容易。这个典故也叫"烽火戏诸侯"。

毕恭毕敬

周幽王为博得美人褒姒一笑，在干了烽火戏诸侯的事后，并没有停止胡作非为。褒姒和周幽王有个儿子叫伯服，褒姒受宠，总想让周幽王立自己的儿子伯服为太子，伯服能当上太子，褒姒就可以顺理成章地当上王后。她不止一次地把这个想法告诉周幽王，央求周幽王废掉太子宜臼。

宜臼是周幽王的大儿子，伯服是周幽王的小儿子，废长立幼历来是帝王家最忌讳的事。要废掉太子宜臼，立伯服为太子，这事更是非同小可，宜臼的妈妈是谁呀？她是申侯家的女儿，申侯当时是各诸侯的首领，势力很大。如果废掉申王后和太子宜臼，申侯必定会率领诸侯各国的军队前来问罪，引起天下大乱。

周幽王要是有脑子，无论褒姒怎么央求，也不会干这种糊涂事。

周幽王要是不这么干，他怎么会是天下第一号昏聩的君王呢？周幽王不但废掉了申王后，也废掉了她生的太子宜臼，改立伯服为太子。褒姒心里得到了满足，高兴得无以复加。可是，这一举埋下了祸根。

宜臼被父王废掉后，怕继续受到褒姒的迫害，逃往申国住到了外祖父家。宜臼对自己的前途非常忧虑，忧愤的他写了一首叫《小弁》的诗，宜臼在诗中说："看见屋边的桑树和梓树，一定要必恭敬止（必恭必敬）。我尊敬的是父亲，我依恋的是母亲。谁不是父母的骨肉，谁不是父母所生？上天让我降生，可我的好日子到什么地方去寻找呢？"

宜臼的外祖父申侯为了给自己的女儿和外孙报仇，他决定率领各诸侯国前往京城镐京。申侯千不该，万不该，他还联合了少数民族的犬戎军队一起进攻镐京。联军攻下镐京后，杀死了周幽王，犬戎的军队野蛮成性，烧杀抢掠，还抢走了美人褒姒，联军把镐京弄得残破不堪。

申侯和晋、郑、秦等诸侯拥立宜臼即位当了天子，也就是周平王。

镐京遭到严重的破坏，已经无法作为天下的首都，申侯建议周平王把首都迁往洛邑（今河南洛阳）。宜

白是靠着外祖父才当上天子的，这时候，他还有什么势力呀？一切只能照着外祖父的话去做。

申侯和诸侯率领的大军护卫着周平王往东迁到洛邑，这段历史叫"平王东迁"，周幽王以前的周朝叫西周，东迁后的周朝叫东周。

宜臼当上天子，他幸福了吗？没有。这时，周王朝国力大衰，多数诸侯国的势力比周王朝都大，诸侯们进入了互相攻伐的混乱时期，谁也不听周王朝的号令。

后人把宜臼写的诗中的"必恭敬止"演化为成语"必恭必敬"，后来，人们把这个成语写成"毕恭毕敬"，意思是态度极为恭敬，也形容十分端庄、有礼貌。

管鲍之交

列子，名字叫列御寇，他一生致力于道德学问，曾拜关尹子、壶丘子、老商氏、支伯高子等为师。列御寇隐居郑国四十多年，不追求名利，主张无为而治。著《列子》一书，共十万多字，多数已失传。书中有许多生动的故事，篇篇珠玉，读起来妙趣横生，发人深思。《管鲍之交》就是其中的一篇。

春秋时期，齐国有一对好朋友，一个是鲍叔牙，一个是管仲。年轻的时候，管仲家里很穷，又要养活自己的老母亲。

鲍叔牙向管仲提议，两人一起去做生意。因为管仲没钱，做生意的钱几乎都是鲍叔牙出的。等做生意赚了钱，管仲却拿得比鲍叔牙还要多。鲍叔牙的仆人不满意地说："管仲真自私，本钱比我们家主人拿得少，利润却比我们家主人拿得多。"

鲍叔牙对仆人说："不能这么说！管仲家里穷，又要养活母亲，多拿点儿没有关系。"

后来，鲍叔牙和管仲都当了兵，打仗时，管仲总躲在后面，退却的时候，他总跑在最前面。士兵们都骂他："管仲是个贪生怕死的人。"

鲍叔牙马上替管仲说话："管仲不是怕死，他得保全性命照顾自己的老母亲呀！"

管仲听到后，感叹地说："生我者父母，知我者鲍子也。"

后来，鲍叔牙辅佐国君的儿子公子小白，管仲辅佐国君的另一个儿子公子纠。这时，齐国的的国君只顾吃喝玩乐，鲍叔牙预感到齐国将要发生内乱，就保护着公子小白逃到了莒国，管仲保护着公子纠逃到了鲁国。

不久，齐国果然发生了内乱，老国君被人杀死。公子小白和公子纠都想早点儿回到齐国即位当上国君。管仲怕公子小白走在前面，就埋伏在半路，企图杀死小白，没有想到，他射出的箭射在小白的衣带上。小白抢先回到齐国，当上了国君，他就是齐桓公。齐桓公想任命鲍叔牙当相国。

鲍叔牙说："管仲的才能比我强多了，应该让管仲当相国才对呀！"

齐桓公生气地说："你是不是糊涂了？他是想杀我的仇人呀！怎么能任命他当相国呢？"

鲍叔牙说："管仲杀你，是公子纠的吩咐，他是辅佐公子纠的下臣，那叫各为其主。"

齐桓公说："那就派人去请管仲。"

鲍叔牙说："不可以，您

应该这样……"

齐桓公按照鲍叔牙的主意，派使者到了鲁国，要鲁国杀死公子纠，还说管仲是齐国国君的仇人，必须把他抓起来，送回齐国。

鲁国比齐国弱小，没有办法，只好逼死了公子纠，抓住了管仲。

管仲被送回了齐国，他心想：这下完了，我必死无疑。

没有想到，齐桓公立即释放了管仲，并拜他为相国。

管仲当了相国后，鲍叔牙知道，自己的功劳大，如果自己还参政，管仲就不能放开手脚干。鲍叔牙为了让管仲放开手脚干，主动辞职，到自己的封地去养老。

管仲什么顾虑都没有了，采取了一系列的改革措施，很快使齐国强大起来。管仲不但会治理国家，还会带兵打仗，在与周围诸侯国的作战中，打了好几个胜仗。

周围的诸侯国见齐国这样强大，都不敢惹齐国，只好尊齐桓公为盟主。什么叫盟主呀，就是霸主。齐桓公因为重用了管仲，使他成为春秋时期第一个霸主。

这个故事出自《列子·力命》，后人把管仲和鲍叔牙之间的友谊总结为一句成语"管鲍之交"。管仲和鲍叔牙之间深厚的友谊，成为中国代代相传的佳话。人们常常用"管鲍之交"形容自己与好友之间亲密无间的关系。

一网打尽

春秋时，晋献公死后，晋献公的宠妃为了让自己的儿子当国君，害死了太子申生，导致晋国发生了内乱。

晋献公的儿子夷吾在秦国和齐国的帮助下，登上国君宝座，他就

是晋惠公。

当时，晋献公另一个儿子重耳逃亡在外多年，晋国相当一部分大臣是希望重耳能够回国当国君的。大夫里克和邳郑就是暗地里支持重耳的人。夷吾对这部分大臣的一举一动当然十分警惕，他派了许多爪牙到处侦察这些人的动静。

晋惠公夷吾趁邳郑出使秦国的时候，找借口杀掉了里克。

邳郑从秦国出使回来后，见自己的同盟者里克已死，非常害怕，惶惶不可终日。

后来，邳郑见晋惠公夷吾没有要杀他的意思，也就安心了。但邳郑暗地里与他的同党继续密谋推翻或者赶走夷吾，迎接重耳回国当国君。

邳郑哪里知道，一个更大的阴谋正在向他和他的同党袭来……

一天，一个叫屠岸夷的人突然来见邳郑，屠岸夷说晋惠公夷吾要杀他，希望邳郑救他。

这时的邳郑对于屠岸夷还是有所警惕的，他试探地说："吕省不是国君的红人吗？求他比求我管用呀，你为什么不去求他？"

屠岸夷信誓旦旦地说："吕省那家伙不是好人，我正想剥他的皮，喝他的血，吃他的肉……"

屠岸夷说自己早就想推翻国君夷吾，他向邳郑献上推翻惠公的计谋。

邳郑怎么敢轻易相信屠岸夷呢？他大声喝斥道："是谁让你来说这些话的？我要把你抓起来，去见国君！"

屠岸夷见邳郑不信，

连忙咬破自己的手指，并且对天发誓说："我若三心二意，叫我全家不得好死！"

邳郑渐渐地相信了屠岸夷的话。

邳郑立即召集他的同伙，共同起草了一封给公子重耳的信，希望重耳能早点回到晋国，推翻晋惠公夷吾。

邳郑和他的同伙都在这封信上签了字，屠岸夷也在信上签了字。

因为屠岸夷是一位身强力壮的武士，大家公推屠岸夷把这封信给公子重耳送去。屠岸夷把信带走了。

第二天，大臣们上朝，邳郑和他的同伙也在其中。

惠公问邳郑和他的同伙："你们为什么要迎接重耳回来呀？"

邳郑和他的同伙大吃一惊，矢口否认。晋惠公夷吾让屠岸夷出来指证邳郑和他的同伙，邳郑和他的同伙无话可说。晋惠公把邳郑和他的同伙一网打尽，并砍了头。

只有屠岸夷什么事儿没有，原来，他是受晋惠公指使，骗取了邳郑他们对他的信任。

这个故事出自《史记·晋世家》，后人把这个故事总结为成语"一网打尽"，本来是说捕鱼时，一网打尽塘中的鱼。这里是形容一举把要抓捕的人全部抓住。

甘拜下风

春秋时期，晋国的国君晋献公死后，他的儿子们自相残杀，争夺君位。

晋献公的儿子夷吾逃难到了秦国，秦穆公把自己的女儿嫁给夷吾，并派大军保护着他回到国内当了国君，这就是晋惠公。

事先，夷吾曾经向秦穆公许诺，他当上晋国国君后，要赠给秦国土地，作为对秦穆公的报答。

可是，夷吾当上国君后，并没有兑现向秦国赠送土地的诺言，使两国的关系受到了伤害。

不料，晋国遇到了特大灾荒，晋惠公只好厚着脸皮向秦穆公求援。

秦穆公不计前嫌，运送来大批粮食支援晋国。

谁知，不久秦国也遇到了灾荒，秦穆公向晋国求援，晋惠公却不肯支援秦国。

在这以前，晋惠公在赠土地的问题上，已经食言，本来秦穆公已经很不高兴了。这次，晋惠公又背信弃义，不肯出手相助，秦穆公一怒之下，率军攻打晋国。

秦国大军在韩原把晋军打得大败，并俘虏了晋惠公。

晋惠公手下大夫郤乞把自己的头发弄乱垂下来，拔了自己的营帐跟随在被俘的晋惠公的车子后面。

秦穆公望着垂头散发的郤乞，问道："你为什么这样忧愁呀？我不过是让晋君跟着我到秦国走一趟，我不会把他怎么样的。"

郤乞对秦穆公说："您脚下踩着后土，头上顶着皇天，皇天后土（天地）都听见了您的话，群臣敢在下风（下面）也听到了您的话。"郤乞实际上是要秦穆公对晋惠公的人身安全作出保证。

上面这段故事记载在《左传》这部书里，后人把郤乞的话引申为成语"甘拜下风"，这句成语的意思就完全变了，成为甘居下列的谦虚话。

一鼓作气

鲁庄公十年春天，齐国的大军要来攻打鲁国。鲁庄公准备应战。

有一个叫曹刿的人，请求拜见鲁庄公。

曹刿的一个同乡对他说："都是当着高官享受优厚待遇、整天吃大鱼大肉的人在商量这事，你何必要参与呢？"

曹刿说："那些有权有势的人眼光短浅，缺乏见识，做不到深谋远虑。"

于是，曹刿上朝去拜见鲁庄公。

曹刿问鲁庄公："您凭什么应战呢？"

鲁庄公说："平日里，衣服、食品这些生活用的东西，我从来不敢独自占有，一定拿来分给臣子们。"

曹刿说："这些小恩小惠没有让每个老百姓都享用到，老百姓是不会听从您的命令的。"

鲁庄公说："用来祭祀的牛、羊、猪、玉器和丝织品这些祭品，我从来不敢虚报，一定凭着至诚的心，向神灵禀告。"

曹刿回答说："这么点儿小小的诚意，不能让神信任，神是不会赐福给您的。"

鲁庄公说："不同的大小案件，我即使做不到详细审问，做不到明察秋毫，但一定依照实情来处理。"

曹刿回答说："您这只是做好了本职工作。凭借这个条件能打这一仗。要出征，请允许我跟着您去。"

鲁庄公率领鲁国军队出发了，曹刿同鲁庄公坐在同一辆战车上。鲁国和齐国的军队在长勺这一带展开了决战。

两军摆开了阵势，齐军敲响了第一通战鼓，鲁庄公打算击鼓命令

进军。曹刿说："现在还不能出击。"

齐国军队又敲响了第二通战鼓，鲁庄公又要下令出击，曹刿说："还不到时候。"

齐军敲了第三通战鼓，曹刿说："现在可以进攻了。"

鲁庄公一声令下，鲁国士兵一起冲杀出去，齐国的军队大败。鲁庄公准备驱车追赶。

曹刿说："请等一等！"他观察了一下齐军车轮在地面上留下的痕迹，又登上战车前面的横木，瞭望齐军败退的队形，然后说："现在可以追击了。"

鲁庄公下令追击，齐军全线溃败。

鲁国军队战胜了齐军后，鲁庄公问曹刿为什么这样做。

曹刿回答说："打仗要靠勇气。第一次敲响战鼓能振作士兵们的勇气；第二次击鼓，士兵们的勇气就低落了；第三次击鼓，士兵们的勇气就衰竭了。齐军勇气消失之时，我军的士气却正旺盛。所以，我军战胜了齐军。齐国是个大国，虽然他们败了，他们的实力是不容忽视的，我担心有伏兵在那里。所以，齐军刚退却时我不让追赶。当我看见齐军的车轮痕迹混乱了，登高望见齐军的旗帜倒下了，我才建议您下令追击齐军。"

这篇故事出自《左传·庄公十年》，后人把这篇故事概括为成语"一鼓作气"，这个成语中的"鼓"是指敲战鼓，"作"

当振作讲，"气"是指勇气。在原文中，它是指作战时，第一次敲鼓最能激励起士兵们的士气。现在，经常用成语"一鼓作气"来形容做事要鼓起勇气，奋起直追。

退避三舍

春秋时期，晋国的国君晋献公听信了宠妃骊姬的谗言，要立骊姬的儿子为太子，杀了太子申生，又派人去捉拿申生的弟弟重耳。

有人把这个消息告诉了重耳，重耳带着一批能干的贤臣逃出了晋国，十几年过去了，一直流亡在国外。

经过千辛万苦，重耳带着他的臣子们来到楚国。这时，楚国的国君是楚成王，楚成王认为重耳日后必定能当上国君，一定会大有作为，楚成王待重耳如上宾，以国君之礼接待他，这使重耳十分感动。

一天，楚成王又设宴招待重耳，两人一边饮酒一边说话，气氛十分融洽。

忽然，楚成王问重耳："你如果有一天回晋国当上了国君，你该怎么报答我呢？"

重耳稍加思索后说："美女和待从、珍宝和丝绸，大王您这里有的是，珍禽的羽毛，象牙和兽皮，这些东西是楚国的特产，晋国哪里有什么珍奇的东西献给大王呢？"

楚成王说："话虽然这么说，公子总该对我有所表示吧？"

重耳笑了笑，回答道："要是托大王的福，我真的能回国执政的话，我愿意与贵国修好。假如有一天，晋国和楚国之间不幸发生了战争，我一定命令晋国的军队先退避三舍（一舍等于三十里），要是这样还得

不到您的谅解，那么我只好左手拿着鞭子和弓，右边挂上弓囊、箭袋，奉陪大王您较量一番。"

其实，重耳说的这话是相当冒失的，他不过是一个流落在国外的落难公子，眼下，就连他的小命都在人家掌握之中，居然能想到自己以后当上国君的事情，还想到将来两国要开仗。如果楚成王当时想歪了，重耳和他的手下的小命就全完了。当时，楚国的令尹子玉请楚成王杀了重耳。他说："如果放重耳回国，以后会成为楚国的隐患。"

楚成王觉得重耳说的话很实在，没有除掉重耳。

四年后，在他国流落十九年的重耳真的回到晋国，当上了国君，他就是历史上有名的晋文公。晋国在他的治理下，日益强大起来。

这年，楚国和晋国之间果然发生了战争。两国的军队在战场上相遇。晋文公重耳为了报答楚成王当年收留他的恩情，兑现了他许下的诺言，下令军队后退三舍，把部队驻扎在城濮。

楚军见晋军后退，以为晋军害怕了，马上追击。晋军利用楚军骄傲轻敌的弱点，集中兵力，大破楚军，取得了"城濮之战"的胜利。

这个故事出自《左传·僖公二十二年》。后人把这个故事中重耳讲的话概括为成语"退避三舍"。"退避三舍"的意思是比喻在争执中主动让步。

兵不厌诈

在"城濮之战"的战场上，晋文公重耳遵循他当年落魄楚国时对楚成王的承诺，面对骄横的楚军，命令晋军主动"退避三舍"。

晋军的主动撤退好像非常被动，其实是占据了道德上的主动，晋军士兵的肚里都憋着一肚子气，个个求战心切。

晋军的退避三舍还起了麻痹楚军的作用，楚军的主将子玉不认为晋军撤军是重耳在兑现当年的承诺，而认为晋军怯战。狂妄的子玉命令部队穷追不舍，这更激起了晋军士兵决一死战的士气。

楚军联合了陈、蔡等小国，组成了联军，声势十分浩大。晋军也联合了齐、宋等国组成了联军，以晋国为首的联军总兵力比楚军为首的联军要少，真要作战还不能靠硬拼。晋文公重耳问他手下的臣子们："我们应该怎样作战呢？"

晋国大夫狐偃建议说："对于注意礼仪的君子，要多讲忠诚和信用，这样才可以取得对方信任。在你死我活的战场上，不妨多用欺诈手段迷惑敌人，可以采用欺骗敌军的手法，这叫兵不厌诈——战阵之间，不厌诈伪。"

晋文公听从了狐偃的这个建议，他们首先打击了敌军联军的右翼，敌军右翼是陈、蔡两国的军队，很快就溃不成军了。接着晋文公重耳又命令上军主将狐毛假充晋军的主帅，迷惑对方。楚军的左军主将斗宜申看见晋军主帅的旗帜，指挥兵士冲杀过来，狐毛稍作抵抗就假意败逃，斗宜申不知这是计谋，紧紧追赶。眼看着就要追上狐毛，忽然听见一阵鼓声，晋军主力部队拦腰杀出，狐毛也率军反击，两面夹击斗宜申，楚军左军阵脚大乱。

楚军主帅子玉见势不好，急忙命令收兵，才避免了全军覆没。

晋军靠智谋，在战场上打败了强大的楚军，这就是历史上有名的晋军以少胜多的"城濮之战"。取得这场胜利后，晋文公与各个诸侯国会盟，晋文公被拥立为盟主。

这个故事来源于《韩非子》一书，这本书中说"战阵之间，不厌诈伪"。后人把这个故事总结为成语"兵不厌诈"，"厌"有满足的意思，也有越多越好的意思，"诈"是欺骗，成语的意思是说，在战场上，诡诈的计谋越多越好。

多难兴邦

春秋时期，楚灵王要和诸侯会盟，派大夫椒举去通知晋平公。晋平公认为，晋国地势险要，战马又多，不想参加会盟。

晋国大夫司马侯劝告晋平公说："险要的地势和战马都是

不保险的，现在邻国有困难，不要忧虑。国家多难可以激励人民的斗志，使国家兴盛；国家无灾无难，也可以使国家土地失守，走向灭亡。"

这个故事出自《左传》，后人把司马侯的话概括为成语"多难兴邦"。"多难"，是指多灾难。"兴邦"，是指国家兴旺。"邦"指国家。这句成语指国家多灾多难，可以激励人民发愤图强，使国家反而兴旺起来。

城下之盟

春秋时期，强大的楚国派大军攻打小小的绞国，很久也没有攻打下来，楚国把部队驻扎在绞国的南门，可是，对这个小小的国家一点儿办法也没有。

楚国的大臣向楚王献计说，请楚王把部队驻扎在城的北门，并在山中设埋伏，诱使绞国部队出战。

绞国军队果然出战，中了楚军的埋伏，结果楚军把绞国的部队打败，迫使绞国在城下签订了求和的盟约。

这个故事出自《左传》，后人把这个故事概括为成语"城下之盟"，用来比喻在战争中，失败的一方被迫签订屈辱性和约。

千军易得，一将难求

春秋时期，秦穆公自从得到百里奚和蹇叔等相助后，又得到了百里奚的儿子和蹇叔的儿子。

秦穆公任命百里奚的儿子孟明视为主将，由于秦穆公决策失误，与晋国打了一场不该打的战争，导致孟明视率领的部队全军覆没。

秦穆公主动承担了失败的责任，没有责罚孟明视等出征的将军。

第二次秦军又与晋国发生了战争，孟明视率军出征，没有想到，这次孟明视率领的秦军又战败了。

这时，秦国国内有人要求追究孟明视失败的责任。

史官向秦穆公建议说："'千军易得，一将难求'，孟明视是个人才，战争失败不是他一个人的责任，不要随便罢免他"。

秦穆公接受了史官的建议，继续任用孟明视。

两次作战都失败了，秦穆公都没有惩罚孟明视，孟明视大为感动，他积极操练兵马。又过了几年，孟明视率领部队终于大败晋军，使秦国成为一代盟主。

这个故事最初来自《东周列国志》，后人把"千军易得，一将难求"这句话概括为成语，说明人才的重要。

上下其手

春秋时期，楚襄王派大军攻打郑国。楚国是大国，兵力强盛，郑国是小国，兵微将寡，在强大的楚军的进攻下，郑国实在没有能力反抗，就连郑国的大夫皇颉也被楚国的将军穿封戌俘虏了。

谁知，楚王的弟弟公子围想冒领俘虏郑国大夫的功劳，说皇颉是他俘虏的。

公子围和将军穿封戌之间发生了争执，二人都不肯让步。于是，请伯州犁当评判者，判定是谁的功劳。

伯州犁本是晋国的贤人，在晋国受到迫害，逃亡到楚国，受到楚王重用，担任太宰。伯州犁当了二人之间的评判者，他沉思了片刻，说："这事好办，要判定是谁的功劳，最好问问被俘的郑国大夫皇颉，看看是谁俘虏的他。"

公子围和将军穿封戌都同意了。

伯州犁让人把郑国大夫皇颉带来，伯州犁伸出两个手指对他说："如果是楚王的弟弟公子围俘虏的你，你就指上手指，如果是方城山外的长官穿封戌俘虏的你，就指下手指。"

这好像是一个很公平的主意，但伯州犁有意向被审的人透露了争执双方的身份，再说，郑国大夫皇颉因为穿封戌俘虏

了他，他特别痛恨穿封戌这个使他沦为阶下囚的人。于是，他竟然颠倒黑白，指向了上手指，并说："颉碰到了王子，抵挡不住了才被俘虏的。"

于是，伯州犁判定，是公子围俘虏了郑国大夫皇颉。伯州犁这样处理了此案。他这么做，与他这位晋国贤人的名号实不相符。

这个故事来源于《左传》，后人根据这个故事，总结出"上下其手"这句成语，意思是串通作弊，徇情枉法，颠倒黑白。

有备无患

晋悼公是春秋时期晋国一个比较英明的国君，他手下有位正直的将军叫魏绛。魏绛奉晋悼公的命令统帅晋国的军队。他是一位严厉的统帅，治军极严，不管是普通士兵，还是公子王孙，谁违犯了军纪，都要受到处罚。

在一次军事行动中，晋悼公的弟弟的车子扰乱了军阵，魏绛认为，为晋悼公的弟弟赶车的人违犯了军纪，就把那个赶车的仆人杀掉示众。

晋悼公的弟弟大怒，认为自己受了欺负，脸上无光，他跑到哥哥面前哭诉："魏绛眼中没有国君，居然欺负到我头上了。"

开始晋悼公听了，也很生气，他要杀掉魏绛。

一位正直的大臣对晋悼公说："魏绛要是错了，是不会逃避责任的。"

这时，魏绛将军来到宫外，向国君递上奏书说明情况，他听说国君责备他，拔剑就要自杀。

卫兵劝阻他说："将军，您先别自杀呀，等国君看完奏书再说吧！"

晋悼公看完奏书，知道是自己的弟弟做得不对，他连鞋子都没有穿，就跑到宫外，把魏绛扶起来："将军，是寡人失察，原来，都是我

弟弟的过失呀！”

从此，晋悼公对魏绛更加信任。

一天，北方戎族派使者到晋国来求和。晋悼公说："戎族不讲信义，不如杀了来使，把戎族的地盘给攻下来。"

魏绛劝阻说："戎族是来求和的，这是晋国的福气，何必斩来使，去攻打它呢？"

晋悼公听了，认为魏绛的话有道理，决定和戎族和平共处。从此，晋国北部边境得到了安宁，百姓安居乐业。

在魏绛等贤臣的辅佐下，晋国愈来愈强大。魏绛率领鲁、卫、齐、曹等 11 个国家的盟军在与郑国的战争中取得了重大胜利，郑国不得不派使臣前来求和，晋国同意讲和。

郑国为了求和而讨好晋国，送来了大批的珍宝、歌女。晋悼公把一半歌女赏给了魏绛，被魏绛谢绝了，他劝晋悼公说："您要居安思危呀，思则有备，有备则无患。"

晋悼公一听，说："将军，你说得对！"他把歌女送还给了郑国。

晋悼公在魏绛辅佐下，顺利地完成了霸业，成为各国的盟主。

这个故事来自《左传》，后人把这个故事概括为成语"有备无患"，意思是说做好了万全的准备，就不怕任何突发事件的发生。

宾至如归

　　子产叫公孙侨，春秋时期郑国的大夫，他非常能干，当过多年相国。

　　一年，子产奉郑简公命令，带着礼物出使晋国。晋国自从晋文公重耳当上盟主后，其他诸侯国都很怕晋国。这时，晋文公早已经不在人世，但是晋国当年霸主的余威还在。再说，郑国是个小国，晋国是个大国。晋国的国君根本不把小小的郑国放在眼里。这时，正赶上鲁国国君去世，鲁国的国君死了，有晋国什么事呀？晋平公借口为鲁国办丧事，把子产晾在宾馆外，不派人接待他。

　　子产也不生气，他命令随行人员把宾馆外面的围墙拆掉，然后，赶着车马进了宾馆，把礼物放在馆舍里。子产在宾馆里静候着晋平公派人来兴师问罪。

　　晋国有人把宾馆外墙被拆的事情报告给晋平公，晋平公大怒，问道："什么人这么大胆，竟然敢拆我宾馆的墙？"

　　报告的人连忙说："是郑国的使臣子产派的人。"

　　晋平公大吃一惊，连忙问："这个子产是什么人？"

　　有大臣回禀说："此人非常精明能干，当过多年郑国的相国。"

　　"噢……郑国派此人当使节，说明郑国还是非常重视出使我国这件事的，士文伯，你到宾馆去一趟，问问那子产，为什么要拆宾馆的墙。他要说

得有理，那还罢了，说得无理，休怪我晋国不客气。"

士文伯是位晋国大夫，他奉了国君的命令，连忙来到宾馆，质问子产为什么要拆宾馆的围墙。

子产说："谁都知道，我们郑国是个小国，来向上邦大国晋国进献贡品，赶巧贵国的国君没有时间，也不知道晋见的日期。我记得贵国晋文公当盟主时，国君自己住的宫殿很小，而把宾馆造得很大。各国宾客来到时，样样事情都有人照应，宾客能很快献上贡品。各国宾客不懂的事情，贵国的国君给予教导，各国的宾客有什么困难，贵国的国君都给予帮助。各国的宾客就像回到自己的家里一样（宾至如归）。现在，晋国国君住的宫殿有好几里长的地面，各国的宾客住的却是奴隶住的房子，大门关闭，进不了车子，也没有通知接见的确切日期。假设不拆掉围墙，让礼物日晒雨淋，这就是我们的罪过了。如果让我们尽快地晋见国君，献上礼物，我们愿意修好围墙再回国。"

子产一席话，说得士文伯哑口无言，他把子产的话原原本本地报告给晋平公。

晋平公非常惭愧，马上接见了子产，并主动向子产道歉，尔后命令人修好了围墙。子产作为小国的使节，在骄横的大国国君面前，不卑不亢，保持了使者应有的气节，完成了使命。

这个故事来源于《左传》，后人把子产的话概括为"宾至如归"这句成语，意思是让客人感觉就像回到自己家里一样，多用于形容主人待客热情、周到。

病入膏肓

春秋时期，晋国的国君晋景公得了重病，他听说秦国有位名医医

术十分高明，就立即派人到秦国去请这位医生，因为路途遥远，交通不便，医生一时赶不到晋国。

这时，晋景公在病中迷迷糊糊地做了一个梦，梦见两个十分怪异的小孩儿在他身旁悄悄地说话。一个小孩儿说："秦国那位名医就要来了，这回，咱们要大难临头了，咱们逃到什么地方去呢？"另一个小孩儿说："放心吧！没什么可怕的，我们可以躲到肓的上面，膏的下面，医生的医术无论怎么高明，用什么名贵的药，也不能把咱们怎么样。"

晋景公醒来后，感到十分怪诞，不知道这个梦与他的身体有什么关系。

不久，秦国的那位名医来了，他被请到晋景公的卧室，为晋景公把脉治病。医生诊过脉后说："您的病实在是太重了，病生在肓的上面，膏的下面，用炙的办法治不行，扎针的功效又太小，服用汤药的功效也达不到。您这病我是无能为力了。"

晋景公听了医生的话，十分吃惊，医生的话竟然验证了自己梦中两个小孩儿的对话，看来，这位医生不愧是一位名医。

晋景公点点头说："您的医术是高明的，是我的病太重了！"

秦国的这位名医虽然没能治好晋景公的病，晋景公还是让宫人送给他一份厚重的礼物，作为看病的酬金。

这是《左传》里记载的一个故事，古代医生认为"膏"是心尖上的脂肪，肓是指心脏和隔膜之间，这两处都是药力达不到的地方。后人把这个故事总结为成语"病入膏肓"，比喻疾病达到了无法救治的地步。后来，这个成语也引申为事情到了无可挽回的地步。

大公无私

祁奚，字黄羊，春秋时期晋平公的大夫。晋国上下都认为祁黄羊是一位公正无私的人。

南阳那个地方缺地方长官，晋平公很想物色一个合适的大臣到南阳去当郡守。晋平公见祁黄羊在身边，就问祁黄羊："南阳这个地方没有长官，派谁去当郡守合适呢？"

祁黄羊平静地回答说："臣认为，解狐这个人能胜任这个职务。"

晋平公非常奇怪，他平日听说过，解狐这个人与祁黄羊不和睦，甚至有人说，他们俩有仇。晋平公纳闷地问祁黄羊："寡人听说，解狐是你的仇人呀，你为什么还推荐他当郡守呢？"

祁黄羊依旧很平静地说："国君只问我，谁能胜任南阳郡守，并没有问解狐是不是我的仇人呀。"

晋平公赞许地点了点头，认为祁黄羊"荐贤不避仇"，如果某个人是个人才，即使这个人是他的仇人，他也会无私地推荐这个人。

就这样，晋平公就派解狐到南阳上任去了。

事实证明，解狐是一个适合当南阳郡守的人才，他把南阳这个地方治理得很好，人民都能够安居乐业。

晋国人都说"解狐这个郡守，祁黄羊推荐得好啊！"

还有一次，京城缺少了一个担任尉的人。晋平公又问在身边的祁黄羊："京城里缺少一个能担任尉的人，爱卿看看，谁能担任这个职务呢？"

祁黄羊很平静地回答说："祁午可以胜任这个职务。"

晋平公惊讶地问："祁午？他……他不是你的儿子吗？你怎么可以推荐自己的儿子呢？"

祁黄羊并不生气，他仍然平静地说："您只问我，哪个人能胜任尉这个职务，您并没问祁午是不是我儿子呀。"

晋平公赞许地说："说得好！"

晋平公根据祁黄羊的举荐意见，任命祁午担任尉这个职务。

事实证明，祁午在尉这个岗位上，干得十分出色。

晋国人又称赞说："祁午的确是担任尉的人才，祁黄羊推荐得好啊！"

鲁国的大思想家孔子听说了这两件事，对此评价说："祁黄羊说得太好了，他举荐人的时候，不因为被推荐者是自己的仇人就不推荐，也不因为被推荐者是自己的亲人就不推荐。他可真是大公无私的人啊！"

这个典故来源于《吕氏春秋》，后人把这个典故总结为"大公无私"这个成语，用于夸奖一个人没有私心杂念，办事出于公心。这个典故还有两个成语"举贤任能"，"外举不避仇，内举不避亲"。

大义灭亲

春秋时期，卫国的州吁杀死了哥哥卫桓公，州吁自己当上了国君，这在当时是大逆不道的事情，受到周围各国舆论的谴责。当时，各个诸侯国还都承认周王室是天下的共主，州吁的做法也没有得到周天子

的承认。

州吁驱赶着老百姓去为他打仗，人民对他很不满意。州吁担心自己国君的地位不稳定，就和他的心腹大臣石厚商量对策。

石厚也没什么主意，就去问自己的父亲石碏，怎样才能使州吁的君位得到巩固？

石碏是一位很正直的大臣，他对儿子帮助州吁杀兄篡位很不满意。他假装为州吁出主意，对石厚说："诸侯即位，要是能得到周天子的承认，他的地位就能巩固。"

石厚说："州吁是杀死哥哥夺位的，要是周天子不同意，怎么办呢？"

石碏说："陈桓公受到周天子的信任，陈、卫是友好邻邦，州吁可以去求陈桓公……"

石厚没等父亲把话说完，高兴地抢话说："您是说请陈桓公帮忙？"

石碏不动声色地连连点头。

石厚连忙把父亲的这个"主意"向州吁汇报，州吁听了石厚的汇报，准备了许多礼物，就带着石厚去访问陈国，结果二人却被陈桓公扣留了。陈国派人来通知卫国的大臣们，要他们来处置州吁和石厚。

原来，这是石碏的安排，他事先早已经和陈国通了气，等州吁和石厚一到陈国，就把他们二人扣留。

卫国立即派人去陈国，把州吁处死了。卫国的大臣们因为石厚是石碏的儿

子，觉得应该从宽处理他，便把这个意思告诉了石碏。

石碏听了大臣们的意见，立即派自己的家臣到陈国去，把石厚杀了。

卫国的史官认为石碏杀了儿子是"大义灭亲"，把这件事情记录了下来。

这个故事来自《左传》，后人把这段故事总结为"大义灭亲"的成语。"大义灭亲"是指犯罪分子的亲属为了维护国家和人民利益，不徇私情，或向有关部门检举，或依法办事，对犯罪分子进行惩办。

大相径庭

春秋时期，楚国有位隐士叫接舆，他是位很狂放的人，不出去做官，靠种地来养活自己。

《论语》中记载了接舆的一段故事：接舆唱着歌从孔子的车前走过："凤鸟啊，凤鸟啊！你的德行怎么衰退了呢？过去的事不能挽回了，未来的事情还来得及呀。算了吧，算了吧！如今从政的人都很危险啊。"孔子很想跟这位狂生交谈，但接舆不肯与他交谈。

肩吾和连叔（二人都是古代神话中的人物）闲谈时，肩吾对连叔说："最近，

我听了楚国的狂生接舆一番话，他的话夸大而且毫无根据，就像天上的银河没有边际，更像门外的小路和堂前的地一样相距很远（大相迳庭）。"连叔问接舆说了些什么，肩吾说："他说在遥远的射姑山上有位神人，肌肤如冰雪，不吃五谷，只吸清风和露水，乘龙驾雾在四海之外遨游。我认为，他的话狂妄而不可信。"

《论语》是孔子的学生记载孔子言论的著作，所以，《论语》中的记载借神话中的人物对接舆进行批评，这是不足为奇的。

后人把"迳"改成"径"，而总结成"大相径庭"这句成语。成语的本意是说两者相距很远。现在这句成语是形容彼此自相矛盾，看法主张相距很远。

以强凌弱

春秋时期的大思想家孔子有个朋友叫柳下季。柳下季的弟弟为了反抗统治者，聚集了九千人，横行天下，他经过的地方，各国的国君都关闭城门自保，统治者都叫他"盗跖"。

孔子对柳下季说："你弟弟是个强盗，我为您感到羞愧，我想替你去劝说他。"

柳下季说："我的弟弟不会听哥哥劝告，即使有您这样的口才，又有什么用呢？他的思想无拘无束，顺他心意就高兴，不顺心就发怒，我看您还是别去吧！"

孔子不听，让弟子颜回驾着马车，叫子贡当侍从，师徒三人去见跖。孔子一行来到跖的大营，要求见跖。守营门的士兵进大帐去向跖报告："有个自称'孔丘'的人要见将军。"

跖听说孔子来见他，大怒说："他不就是鲁国伪善的孔丘吗？替我告诉他：'你不种地能吃得好，不纺织却能穿得好。整天摇唇鼓舌迷惑各国的君王，你做出孝敬父母，友爱兄弟的样子，为的是求富贵，快滚回去！不然，我把你的肝炒了当午饭的小菜！'"

孔子一再求见，于是，跖让他进帐。跖瞪着眼珠子说："你的话合乎我的心思，我就让你活；不合我的心意，我就让你死！"

孔子说："将军身材魁梧，勇猛强悍，足可以称王，人们却叫你'强盗'。我为你感到羞耻。你听我的，我为你出使到各国，让各国承认你为诸侯。"

跖大怒，说我长得魁梧这是我爹妈给的，难道我不知道吗？远古的时候，人们住在树上，不知道穿衣服，冬天烧篝火取暖，没有穷富之分，到了神农氏当首领时，还能做到自己耕种自己吃。而到了黄帝和商汤时，以强凌弱，以众暴寡的事情时有发生。你穿着宽大的衣裳，好像在研究学问，你迷惑君王，想用你的主张管理国家，以求得富贵，要说强盗，没有比你更像强盗的了，为什么说我是强盗呢？"

孔子听了，十分狼狈，他无话可说，脸色像死灰一样，离去时，他三次都抓不到缰绳，上车后，只能大口地喘气。孔子用他那套功名利禄的理论怎么能说服得了跖呢？

这个故事来自《庄子·盗跖》篇，后人把书中跖说的"以强凌弱，以众暴寡"这两句话概括为成语"以强凌弱"，说的是强大者凭借强大的力量欺负弱小者。

暴虎冯河

春秋时期，大思想家孔子有个学生叫子路，子路性格直率，甚至有些莽撞。

一次，孔子对学生颜渊说："国君用我，我就干；国君不用我，我就隐居起来。能做到这样的，只有我和你。"

爱争强好胜的子路连忙问老师："如果国君让您统率三军，您将和谁在一起？"

孔子说："暴虎冯河，死而无悔者，吾不与也。"

孔子的意思是说，赤手空拳打老虎，蹚着水过河，死都不后悔的人，我是不能和他在一起的，我只和遇事谨慎，善于谋划而又能办成事的人在一起。孔子的语意暗含着对性格鲁莽的子路的批评。

这段故事出自《论语·述而篇》，后人把这段故事概括为成语"暴虎冯河"，原意是赤手空拳打虎，蹚着水过河。后人用这个成语比喻有勇无谋、一味蛮干的人。

安贫乐道

据说，春秋时期大思想家孔子办私学，收徒讲学，拥有学生三千名，

其中最出色的有七十二人，而颜回又是这七十二名学生中最得意的门生。颜回，字子渊，所以也叫颜渊。

颜回的行为举止都合乎孔子的心意。所以，孔子常常用颜回的事例来教诲其他的学生。

有一次，孔子在讲学的时候，对其他学生说："贤哉，回也！一箪食，一瓢饮，在陋巷，人不堪其忧，回也不改其乐。贤哉，回也！"

这段话的意思是说："颜回，真是贤者啊！他居住在荒僻的巷子里，过着极其艰难的生活。他盛饭用的器具是竹子做的箪，舀水用的器具是葫芦做的瓢。每顿饭吃一箪饭食，喝的就是一瓢清水，居住在简陋的小巷子里。这要是放在别人头上，就是无法忍受的忧愁了，但是，颜回始终感到满足、快乐，从来也不改变。颜回确实是个十分贤德的人啊！"

有一次，鲁哀公问孔子："在你的学生中，谁最好学？"

孔子说："只有颜回最好学。他不迁怒，不二过，不幸短命死矣！"

意思是说：颜回最爱学习。他遇着发怒的时候，能做到不迁怒于别人。有了错误就改，决不重犯。可惜的是，颜回二十九岁头发都白了，四十岁就死去了。孔子为他的短命感到非常悲痛。

孔子十分赞赏颜回这种品德。

生活在西汉时期的儒学家、经学家、孔子的后人孔安国说，这是"安于贫而乐于道"。后人把孔安国的话概括为一句成语"安贫乐道"，

也有叫"乐道安贫"的，意思是安于贫穷的生活，始终高兴地坚守自己的信仰和道义。

学富五车

惠施是战国时期的政治家、哲学家、辩论家。他是合纵抗秦主张的支持者，主张魏国、齐国和楚国联合起来抵抗秦国。他学识丰富，很受庄子的推崇，两个人既是朋友，又是学术上辩论的对手。

中国古代人从周朝开始，就使用竹简来写字。到了春秋战国时期，用竹简这种形式写书、读书，越来越普遍。用来书写的竹片叫做"简"，也称"策"；用于书写的木片，叫做"方"，又称"椟"。书简很厚，古代人运送书籍得用车子拉。

庄子对辩论的对手惠施非常佩服，惠施曾经读过的竹简，要用车子来拉。

庄子曾经这样描述惠施："惠施多方，其书五车。"

"多方"是指他拥有用来写书的木板很多，他读过的竹简书有五车之多。

这个故事出自《庄子》一书，后人把这个故事概括为"学富五车"，比喻读的书籍很多。后来主要是形容某人博学多才，拥有丰富的知识。

内助之贤

晏婴是齐国的相国，他的身材矮小，不满六尺（相当于现在的四尺多）。但是，晏婴这个人是个很有智慧的人，也很有才干，在各诸侯国中都很有名。

一天，相国晏婴坐着车子出门，他的御者——马车夫替他赶着车子。马车夫的妻子是个非常贤慧，也非常有见识的女子。

相国晏婴的车子路过马车夫家的门口时，马车夫的妻子从门缝往外偷偷地观看，她见到自己的丈夫洋洋得意地坐在车的前头，挥动着马鞭，赶着车子往前跑。而相国晏婴坐在马车的后面，低着头，非常低调。

马车夫回到家时，他的妻子批评他说："晏婴的身材虽然不满六尺，可是，他当了齐国的相国。你身高八尺，身材比晏婴魁梧得多，只当了他的御者，外出的时候，你却显得洋洋得意的样子。所以，你只能担任御者这种比较低贱的职务，我真是为你难为情呀！"

马车夫听了妻子的话，非常羞愧，他一改往日狂傲的态度，处处表现得很低调，对人也很和蔼。

晏婴发现了御者的这一变化，问马车夫是怎么回事。马车夫把妻子的话告诉了晏婴。晏婴认为马车夫的妻子是位贤慧、识大体的女人，是马车夫的"贤内助"。马车夫听到妻子的规劝能马上改过，晏婴认为马车夫是一个值得重用的人，提拔他担任了大夫。

这个典故出自《晏子春秋》，后人把这个典故概括为成语——"内助之贤"。"内助"指妻子，过去女子不能出去干事业，只能主持家务，所以称为"内助"。"之"当"的"讲，"贤"是贤慧的意思。"内助之贤"一般指帮助丈夫在事业上取得成功的女子。

不辱使命

春秋末期，齐国的相国晏婴出使到楚国。晏婴足智多谋，是一个很能干的人，但是他是个身高不足六尺的小个子。

楚王手下的人听说晏婴来访，打算羞辱一下晏婴，让他当众出丑。

晏婴乘车来到楚国国都的城门，见城门没有开。晏婴命令人喊门。守门人指着旁边一个小门说："相国，您还是从旁边的狗门进城吧！"

晏婴笑着说："出使狗国的人才能从狗洞里出入，出使人国的人从人门进出。我是出使到了狗国呢，还是出使到了人国呢？"

守门人连忙把晏婴的话报告楚王，楚王只好让人打开城门，请晏婴从城门进入楚都。

在招待晏婴的宴会上，楚王问了晏婴一个很无礼的问题："齐国派先生出使到我国，难道齐国没人了吗？"

晏婴笑着说："我们齐国派使者到外国访问，有个规矩，有本事的上等人派到上等的国家，平庸的人派到中等的国家，我是齐国最无能的人，只能派到下等的国家当使者了。"

在晏婴出使楚国的过程中，楚王总想羞辱晏婴和齐国，却始终占不到便宜。因此，西汉史学家司马迁对晏婴推崇备至，用"不辱使命，雄辩四方"八个字来评价晏婴。

历史上，不辱使命的外交家还有一个小国使者唐雎，唐雎也叫唐且。

　　战国时，天下形成了齐、楚、燕、韩、赵、魏、秦七个大国，号称"战国七雄"。到了战国末期，韩国、魏国已经被秦国所灭亡。而在这时，一个只有方圆五十里的小国却依然存在，这个小国就是安陵国。安陵国原是魏国的封地，它太小了，小到可以忽略不计，所以，即使它没有灭亡，各国谁也没有把安陵国放在眼里。

　　这年，秦王嬴政派人对安陵国国君说："我想用方圆五百里的土地来交换安陵国，希望安陵君答应寡人！"

　　安陵国国君对来人说："秦王给予我这样的恩惠，真是太好了，纵然如此，但是，安陵国是我从先王那里继承来的封地，我只想一生守护着它，不敢拿来交换。"

　　秦王听了使者的汇报后很不高兴，他仍然没有死心。

　　安陵国国君心里也不踏实，他派出了唐雎作为使者到秦国交涉此事。

　　秦王对安陵国的使者唐雎说："寡人用五百里的土地交换安陵，安陵国君却不答应我，这是为什么呢？而且，先生也知道，秦国已经灭亡了韩国、魏国。安陵国却能侥幸地保存下来，这是因为寡人认为安陵国国君是一个忠厚的上年岁的人，所以，寡人没有打安陵国的主意。如今，我用比安陵国大十倍的土地，让你们安陵国国君扩大自己的国土，但是，他却没有满足我的意愿，是他看不起寡人吗？"

　　唐雎回答道："大王，不是这样的。国君

是从先王那里继承的封地，只想守护着它，纵使用方圆千里的土地也不敢交换，何况只有区区五百里的土地呢？"

秦王十分震怒，对唐雎说："先生，你听说过天子发怒的情形吗？"

唐雎说："没听说过。"

秦王说："天子发怒的时候，会倒下上百万人的尸体，鲜血会流淌千里。"

唐雎说："大王曾经听说过平民也会发怒吗？"

秦王说："平民发怒，不过是摘掉帽子，光着脚，把头往地上撞罢了。"

唐雎说："大王，这是平庸无能的平民发怒，不是有才能、有胆识的平民发怒。刺客专诸刺杀吴王僚的时候，彗星的尾巴曾经掠过月亮；聂政刺杀韩傀的时候，一道白色的光束一直冲上太阳；要离刺杀庆忌的时候，苍鹰直扑到宫殿上。他们三个豪杰都是平民中有才能、有胆识的人，他们心里的愤怒还没发作出来，上天就显示出了征兆。现在，著名的刺客专诸、聂政、要离再加上我，将成为四个人了。假若有胆识、有能力的平民被迫一定要发怒，那么就会让大王和我两个人的尸体倒下，五步之内流淌着鲜血，天下的老百姓因此穿上丧服，现在的情形就是如此。"说完，唐雎大义凛然地挺剑而起，只是宝剑还没有拔出剑鞘。

秦王的脸色马上变了，挺直了身子，他连忙向唐雎道歉说："请坐，怎么会闹到这种地步呢？寡人明白了，韩国、魏国会灭亡，但安陵国却凭借着只有方圆五十里的土地幸存下来，只是因为安陵国有先生您啊！"

这个故事出自《战国策·魏策四》，后人把司马迁对晏婴的评价"不辱使命，雄辩四方"概括为成语"不辱使命"，意思是承担着重大外交使命的使者，出色地完成任务，没有让肩负的使命蒙羞受辱。

上行下效

春秋时期，齐国有名的相国晏婴活着的时候，敢于直接批评国君景公的过失。所以，齐景公能够自律，齐国的政治也比较清明。

自从晏婴死后，齐景公失去了一位名相，他很难过，再也没有人敢当面批评齐景公的过失。齐景公为此感到很苦闷。

一天，齐景公宴请百官，百官对齐景公只会歌功颂德，齐景公听着很不舒服。

酒宴散后，齐景公和百官到靶场上射箭，每当齐景公射一箭，即使他没有射中靶子，大臣们也都齐声喝彩："好呀！真是神箭！"

齐景公听了更不舒服了，他想，这是夸我吗？分明是讽刺我呀！

事后，他把这件事和自己的苦闷跟臣子弦章说了一遍。

弦章说："这件事也不能全怪大臣，古人说得好，上行而下效。君王喜欢吃什么，下面的大臣也就跟着喜欢吃什么；君王喜欢穿什么，下面的臣子也就喜欢穿什么。君王喜欢人家奉承，臣子当然就向大王说奉承话了。"

齐景公听了，不住地点头，认为弦章的话很有道理。他派侍从赏给弦章很多珍贵的东西，表扬他说了真话。

弦章看了，摇摇头说："那些奉承大王的人，就是为了要得到一点儿赏赐，我要是接受了这些赏赐，不也成了卑鄙的小人了吗？"他说什么也不要

齐景公的赏赐。

这个故事来源于西汉刘向《说苑》一书。后人把这个故事概括为成语——"上行下效"，说的是身居要职的人的言行，很可能被下属仿效。这个成语主要是告诫居于上位的领导人要严格自律，以身作则。

问鼎中原

楚穆王死后，楚庄王即位，朝政把持在权臣手里，楚庄王不理朝政，只会吃喝玩乐。这样的日子过了三年，楚国很多臣子都认为楚庄王是一位颓废的昏君，看不到什么希望。

其实，楚庄王是在暗中积蓄力量，观察民意。正直的大臣伍举、苏从规劝楚庄王，终于使楚庄王像一只神奇的大鸟一样奋起，一飞冲天，他重用贤臣孙叔敖，积极训练士兵，积蓄国力，使楚国强大起来。楚国收服了南方许多部族，后来，又打败了宋国，一直打到周天子的首都洛邑附近。楚庄王的所作所为，简直是一鸣惊人（楚庄王奋起的故事在《小学生新课标必读·中国古代寓言故事》中有详细介绍）。

为了显示楚国的国威，楚庄王在洛邑的郊外举行了一次盛大的检阅。

这时，周天子名义上虽然是天下的共主，领导天下各个诸侯，实际上他就是一个牌位，各个诸侯国谁也不把他放在眼里。楚庄王这样做，可把周天子吓坏了。周天子立即派了一名大臣王孙满到郊外的楚营中慰劳楚军。

楚庄王挣足了面子，在营中款待王孙满。楚庄王在与王孙满交谈中，故意向王孙满问起："周天子王宫里藏的九鼎有多大，有多重？"

九鼎是周王室最重要的礼器，是统治天下的象征，楚庄王向王孙

满问起九鼎的事，其用意很明显，就是向王孙满表明，他不承认周天子是天下共主，表明了自己意欲夺取周朝天下的政治企图。

幸亏，王孙满是一位善于应付复杂局面的大臣，他劝楚庄王说，国家的强盛，应该主要以德行服人，不应该打听九鼎的轻重。

楚庄王听了王孙满的话，非常惊讶，没想到周天子的身边还有这样临危不惧的能臣。通过这件事情，楚庄王知道虽然楚国已经很强大，但是各个诸侯还都承认周天子是名义上的天下共主，楚国还不具备夺取周天子王权的力量。于是，楚庄王就率兵回楚国去了。

当时，周天子所在的洛邑位置是在中原地区，楚庄王这次大胆的行动，被历史学家们说成是"问鼎中原"。后人把这这个故事概括为一句成语"问鼎中原"，凡是有夺取天下志向的人，都被比喻为有志于"问鼎中原"。

三令五申

春秋时期，有位著名的军事家叫孙武，是齐国乐安（今山东惠民，还有说是博兴、广饶）人。他是中国古代著名的军事家、政治家，曾率领吴国军队大破楚国军队，攻占了楚的国都郢（今湖北江陵）。

这年，孙武带着自己写的《孙子兵法》去见吴王阖闾，阖闾看过

后说："先生的兵法我都看了，您是不是拿我的部队试试？"孙武说可以。

吴王又问："可以用宫女来试验吗？"孙武说可以。

吴王阖闾召集了一百八十名宫中的美女，请孙武训练。

孙武把宫女分为两队，每队九十人，让她们每人拿一杆长戟，分两队站好，孙武让吴王的两个爱姬当队长。

孙武问宫女们："你们知道向前、向后、向左和向右转吗？"

众宫女回答说："知道。"

孙武说："向前就看我心胸，向左就看我左手，向右就看我右手，向后就看我背后。"

众宫女说："知道了。"

孙武让人搬出杀人用的刑具铁钺，三番五次地向"女兵"们说明应注意的戒律和号令，说完，他就击鼓发出向右转的命令。

谁知，"女兵"们没有依令向右转，而是笑得前仰后合。

孙武说："解释不清，交代不明，这是将官的过错。"他又把刚才说的戒律和号令重申了一遍。他再次击鼓发出向左转的号令。

不料，"女兵"们还是哈哈大笑。

孙武说："既然交代清楚了号令，而不听命令，这就是队长和士兵的过错了。"说完，孙武命令行刑官把两个队长推出去斩首。

吴王阖闾见孙武要杀他的两名爱姬，吓坏了，连忙派人向孙武求情："孙将军，你治军严厉，大王已经知道了。大王没有这两个爱姬，吃不下饭，睡不着觉，您就宽恕了她们吧！"

孙武说："将在外，君命有所不受——我既然在外为将军，君王的命令可以不接受。"

孙武还是下令把两位队长杀掉了。这下，"女兵"们再也不敢嬉笑了，让向左就向左，让向右就向右。孙武把这支宫女组成的部队训练得跟真正的军人一样。他向吴王交付使命说："现在可以派这支部队去作战了，请大王去检阅吧！"

吴王阖闾失去了两个美人儿，十分难过，他哪里还有心情去检阅呀？他挥挥手说："孙将军的治军方法，我领教了。"

孙武只好退出宫外。

毕竟孙武是不可多得的军事人才，后来，吴王阖闾还是起用了孙武为将军，孙武在攻击楚国的战役中，立下了大功。

这个故事出自《史记》，后来，人们把孙武向宫女们再三解释的做法，引申为"三令五申"，意思是反复多次向部下说明命令和纪律。

叹为观止

春秋时期，吴国公子季札到鲁国访问，向鲁国表示，吴国愿意与鲁国结盟，两个国家可以世世代代地友好下去。

鲁国是一个礼仪之邦，对于吴国公子季札这位友好使者热情款待，用舞蹈和音乐招待这位远方的宾客，同时，鲁国也想让吴国公子季扎见识见识礼仪之邦鲁国的文明。

没想到，公子季札也是一位精通舞乐的贵公子，他一边观赏着舞乐，一边对舞乐进行着极内行的品评。当舞乐队演出到舜时代的《韶箾》的舞乐时，演出达到了高潮。公子季札对这个节目赞不绝口，他断定这是最后一个节目了，说看到这里就够了，其他的节目可以不必再看了——"叹止矣！"

吴国公子季札对于舞乐的鉴赏能力让精通礼乐的鲁国人感到吃惊，他们再也不敢小看这位来自远方的贵公子了。

这段故事来自《左传》，后人把吴国公子季札的话概括为成语"叹为止矣"，意思是赞美看到的事物好到了极点。后来，此成语演化为"叹为观止"。

有一本书叫《古文观止》，说的就是这个意思：看了这本书中的古文作品，就可以不看别的古文选本了。

一毛不拔

战国时期，出现了一位大思想家，他叫墨翟，人们尊称他墨子。墨子创立了墨家学派，他有很多学生，其中最有名的学生叫禽滑釐。墨家学派的弟子很多，这个学派的门徒有严密的组织和严格的纪律。墨家学派主张兼爱、非攻，反对战争，主张和平。

与墨子同时期还有一位叫杨朱的哲学家，他反对墨子的兼爱，他主张"贵生""重己"，十分重视个人的生命，反对别人对自己的利益的侵夺，当然，他也反对自己对别人利益的侵夺。

有一次，墨子的学生禽滑釐问杨朱："如果从你身上拔一根汗毛，能使天下人得到好处，你愿意吗？"

杨朱说："天下人的问题很大，绝不是拔一根汗毛能解决得了的！"

禽滑釐并没有就此停止询问，他说："假使拔一根汗毛能使天下人得到好处的话，你愿意吗？"

杨朱沉默，不作回答。

当时另一位大思想家、儒家学派代表人物孟子对杨朱和墨子都进行过评论，说："杨朱主张的是'为我'，即使拔他身上的一根汗毛，能使天下人得到好处，他都不干；而墨子主张'兼爱'，只要能够对天下人有利，即使磨光了头顶，走破了脚板，墨子也是心甘情愿的。"后人用"一毛不拔"形容十分自私吝啬。

羽毛未丰

战国的时候，强大的秦国不断地攻打其他六国，六国也不断地反抗秦国的进攻。

有时候，为了更有效地抵御强秦的进攻，六国不得不组成联军，抗击秦军。秦国为了分化瓦解六国的联合，也不得不采取策略，对六国各个击破。

在这种形势下，思想界出现了两派，主张六国联合的被称为合纵

派，主张秦国与齐、楚等各国横向联合的，叫连横派，两种主张合起来被称为纵横家。纵横家两派中都出现了一些有名的辩士，合纵派的杰出策士叫苏秦，连横派的主要策士叫张仪。

纵横家们没有什么政治操守，他们到东部六国，扮演的角色就是合纵派，他们到了西部的秦国，摇身一变，就成为连横派。

合纵派的主要策士苏秦曾经跟着隐居的高人鬼谷子学习谋略、辩术。学成后，他周游列国，希望他的治国谋略能够得到国君们的采纳。

秦国是西部的大国，凭借着有利的地理环境，发展农业，国家强盛起来。但是，秦国的综合实力还没达到同其他大国相等的地位。苏秦远游到秦国后，用连横的主张劝说秦王，与函谷关以东的一些国家联合，同其他一些国家进行较量。

没想到，秦王没采纳苏秦的建议，秦王对苏秦说："秦国就像一只羽毛还没有长全的小鸟，现在就想展翅高飞，还不行。先生千里迢迢到这里来开导我，我十分感激。至于建立霸业的事，以后在适当的时机，我再聆听您的高见。"

苏秦在秦国耗费了所有的钱财，上书十多次，还是没有说动秦王。

苏秦没有办法，只好灰溜溜地离开了秦国，到东部六国去推销他的治国谋略，他摇身一变，又成了合纵派，在东部六国，他的才能得到了施展。

这个故事出自《战国策》，因文中有"毛

羽不丰满者，不可以高飞"的句子，后人将其改编为成语"羽毛未丰"，有时候也说成"羽翼未丰"，比喻某一方势力还小，或者指某人阅历还浅。

鸡鸣狗盗

战国时，各个国家的贵族喜欢招揽门客，凡是有才能或者有一技之长的人，都愿意聚集到贵族门下混一碗饭吃。

战国最有名的四公子门下聚集的门客最多，他们分别是齐国的孟尝君、赵国的平原君、魏国的信陵君和楚国的春申君。四公子中的每个人门下都聚集着上千名门客。这些门客中有的人胸怀大志，身怀绝技，有的人抱负远大，具有雄才大略，但是，也不乏混饭吃的鸡鸣狗盗之徒。

齐国孟尝君号称有门客三千，对于有本事的门客，孟尝君让他们各显其能；没本事的人，在孟尝君这里也不会遭到拒绝。所以，孟尝君的名号在后世成为豪爽好客、礼贤下士的代名词。

一次，孟尝君作为齐国的使者出使秦国。秦昭王早就听说过孟尝君的大名，很想留他任秦国的相国。孟尝君是齐国的公子，怎么能为秦国办事呢？但他身在异乡，不敢得罪强大的

秦国，只好暂时留下来。

秦国的一位大臣对秦昭王说："孟尝君是齐国王族，他怎么会为秦国办事呢？他是个人才，放回齐国对秦国不利，不如把他杀掉。"

秦昭王认为有理，就把孟尝君软禁起来，等机会杀掉他。

这可把孟尝君急坏了。他带来的门客有人给他出主意，秦昭王最喜欢一位宠妃，不如向秦昭王的这位宠妃求助。

秦昭王的这位宠妃想得到孟尝君一件天下无双的白狐裘大衣，就跟孟尝君提了出来。

孟尝君犯难了，孟尝君的确曾经有这么一件白狐裘大衣，可是，刚来秦国时，他把这件白狐裘大衣献给秦昭王了，哪儿还有第二件呀？

这时，一位身段灵巧的门客自告奋勇说："我能把那件白狐裘偷出来。"

孟尝君上下打量着眼前这位不起眼儿的门客，平时根本显不出他来，好像没有什么本事，他仗着身段灵巧，还常做些小偷小摸的勾当。也就是孟尝君大度，才容忍这样的人留在了门下。

原来，秦昭王名贵的衣服多得穿不过来，得到白狐裘大衣后，根本没穿过，就储存到储藏室里了。而守储藏室的小吏对储藏室看管得也不严紧，这就给那位门客偷回那件白狐裘大衣提供了方便。

一天晚上，那位门客像狗一样从狗洞里钻进了储藏室，神不知鬼不觉地把白狐裘大衣偷了回来，看管储藏室的小吏竟一点儿也没有察觉。

孟尝君托人把白狐裘大衣偷偷地送给了秦昭王的那位宠妃。

这位宠妃便在秦昭王的身边吹起了枕头风，劝秦昭王放掉孟尝君。秦昭王果然打消了杀死孟尝君的念头，并对孟尝君说，等两天放他回国，还设宴给他送行。

孟尝君怕夜长梦多，哪儿还敢再呆两天呀？他率领众门客骑着快马向东狂奔，来到函谷关时，正好是半夜。

守关的官员说，时间还早，等鸡叫才能开关。

孟尝君担心秦昭王发现他已经逃走，会派人追来。

一个门客对孟尝君说："公子，我有办法让关内外的鸡全叫起来。"他扯着脖子学起鸡叫来，关内外的鸡果然全叫起来了。

听到了鸡叫，守关的官员一点儿也没有怀疑，命令士兵打开关门，放孟尝君一行人出关。

天亮的时候，秦昭王发现孟尝君已经逃走，大怒，立即派人追赶。追到函谷关时，孟尝君一行人早已经出关多时了，哪里还追得上呀？

孟尝君凭着这种鸡鸣狗盗之徒的辅佐，顺利逃回了齐国。平时看起来不怎么样的小人物，在特殊的情况下，是不是也能起大作用呢？

这个故事出自《史记》，后人把这个故事概括为成语——"鸡鸣狗盗"，常用来比喻地位卑下，但具有某种技能的人。这个成语平时多用于含有贬意的句子中，讽刺一些专走邪门歪道不正派的人。

围魏救赵

战国时期，魏国派大将军庞涓为主将，率领大军进攻赵国。庞涓指挥魏军围住赵国首都邯郸一年多，也没能打下来。面临危急形势的赵国不得不向齐国求救。

齐国派大将军田忌为主将，孙膑为军师，率领八万人救援赵国。

孙膑和庞涓都曾经是隐士鬼谷子的学生。孙膑在魏国时曾受过庞涓迫害，已经成为残疾人。他不能上阵迎敌，但是，他足智多谋，胸怀韬略。

孙膑对田忌说："出兵解围，要避实就虚，一举击中要害。现在，魏国主力都在赵国首都邯郸，我军去攻打魏国首都大梁，庞涓一定会

撤军自救，赵国的首都邯郸也就解围了。我军可以在半路设伏，以逸待劳，打魏军的伏击。"

"太好了！"大将军田忌采纳了军师孙膑的建议，率领大军假装攻打魏国首都大梁。

魏王不知是计，急令庞涓从赵国撤军，来救首都大梁。

庞涓得知魏王的命令，大惊，赶忙率领部队连夜回救魏国首都。

齐国的部队以逸待劳，预先埋伏在桂陵地区，伏击魏军，把庞涓带领的魏军杀得片甲不留。孙膑也因为这一仗而扬名天下。

这个故事出自《史记》，后人把这个故事总结为"围魏救赵"的成语。"围魏救赵"被后人收入兵书战策，成为兵法"三十六计"中的一计。这个计谋也叫"围点打援"，是中国军事智慧中很有名的一个策略，常被军事家采用。

胡服骑射

赵武灵王当政时，赵国已处于衰落的时期，就连周围的一些小国也敢欺负赵国，这使赵武灵王很郁闷。

赵武灵王曾经与赵国北边的林胡、楼烦、东胡等游牧民族接触过，

发现胡人的服装在军事行动中有很大的优越性，胡人穿窄袍短袖袄，干活和打猎都很方便，胡人作战的骑兵、弓箭与赵国用的兵车、长矛相比，也显得机动灵活。

赵武灵王对大臣们说："北方的胡人骑兵来如飞鸟，去如射出去的箭，这样的部队驰骋在边疆，哪有不打胜仗的道理呢？"

为了富国强兵，赵武灵王决定，全国上下效法胡人穿胡服，学习骑马射箭。赵王"胡服骑射"的命令刚下，就受到他的叔叔公子成等王亲、贵族的反对。

赵武灵王克服阻力，还是下决心在全国实行"胡服骑射"的命令。

反对派说，赵武灵王这样做违背古制，并在私下里散布谣言，说赵武灵王故意用这种办法来羞辱他们。赵武灵王说："怎样对国家有利就怎样做，何必固守古法呢？"

赵武灵王自己带头穿着胡服去见群臣，让部队学着胡人的样子骑马射箭。广大士兵在训练场上看到了实施"胡服骑射"做法的优越性，非常欢迎赵武灵王的这一举措。

公子成等反对派见赵武灵王实行"胡服骑射"的决心很大，也看到了这样做，士兵训练成效明显，也就不再反对"胡服骑射"了。

自从赵武灵王实施"胡服骑射"的政策后，赵国的军力渐渐强大起来，不但打败了中山国，还夺取了林胡、楼烦等地区，

扩大了上千里的疆域。

这段故事出自《史记》，赵武灵王"胡服骑射"的故事流传下来，被后人总结为成语"胡服骑射"，专门用来形容改革家们的一些改革措施。

完璧归赵

战国时期，赵王得到一块美玉。这块美玉原本是楚国的琢玉能手卞和在荆山发现的，所以，叫和氏璧。和氏璧是传国之宝。

这个消息被秦昭王知道了，他派使者见赵王，说愿意用十五座城换取赵王的和氏璧。赵王跟大臣们商量此事，赵王怕答应了秦国换不来城池，白丢了这块美玉，不答应又怕得罪秦国。

这时，有人向赵王推荐了蔺相如，说他是一个有胆识的人。

蔺相如来到宫中。赵王说明事情经过，请蔺相如出主意。

蔺相如说："秦强赵弱，不答应不行。"

赵王说："把璧送去，秦国不给城池怎么办？"

蔺相如说："秦国拿城换玉，赵国不答应，错在赵国；秦国得到了玉，不给城池，错在秦国。我们宁可让秦国理亏。"

赵王说："那就请先生辛苦一趟吧！"

蔺相如说："秦国给赵国城池，我把玉留在秦国，要不然，我把璧完好地带回赵国——'完璧归赵'。"

蔺相如带着和氏璧来到秦国，向秦昭王献上玉。秦昭王把美玉给美人和大臣们看，并不提换城的事。

蔺相如见秦昭王根本没诚意换城，可美玉在秦昭王手里，怎么拿回来呢？他想了想，对秦王说："这块玉有个小毛病，让我给大王讲讲个中缘由。"

秦昭王不知是计，把美玉递交给了蔺相如。

拿到玉的蔺相如退到柱子旁，怒气冲天地说："大王说以城换璧，赵王派我把璧送来。可大王并没有换城的诚意。现在和氏璧在我的手里，大王要逼迫我，我就把璧和我的脑袋撞碎在柱子上！"

蔺相如举起和氏璧做出要撞的样子。

秦昭王连忙说："别误会，我哪儿能说了不算呢？"

秦昭王让大臣拿出地图，把准备割让的城指给蔺相如看。

蔺相如说："我来秦国以前，赵王以示隆重，斋戒了五天，您要以城换璧，也要斋戒五天，举行受璧仪式，我才能把璧献上。"

秦昭王说："就这么办。"

蔺相如回到宾馆后，让随从打扮成商人，把和氏璧藏在身上，连夜从小路赶回赵国去了。

五天后，秦昭王在朝堂上举行接受和氏璧的仪式。

蔺相如走上殿堂，向秦昭王行礼。秦王说："我斋戒了五天，你把璧献上来吧！"

蔺相如镇定地说："秦国历代君王没有讲信义的，我怕上当，已把璧送回赵国去了。请大王治我的罪吧！"

秦昭王怒吼说："是你欺骗寡人，还是寡人欺骗你？"

蔺相如说："天下诸侯都知道秦强赵弱，大王真要那块璧，请先把十五座城割让给赵国，然后派使者跟我到赵国去取和氏璧，赵国得了

城，决不敢不交出和氏璧。"

秦昭王听了，不好再翻脸，说："还是不要为一块玉伤了两国的和气吧。"

蔺相如安全地回到了赵国。赵王认为蔺相如不辱使命，任命他为上大夫。秦昭王本来就不想以城换和氏璧，蔺相如"完璧归赵"后，秦昭王再也没有提以城换和氏璧的事情。

此故事来自《史记》，后人把蔺相如的话总结为成语"完璧归赵"，用来比喻让一件物品完好地回到主人手里。

渑池之会

蔺相如不辱使命，"完璧归赵"后，秦昭王并不甘心，他又变换了一个花样儿，假借与赵国讲和，要与赵王在渑池相会，赵惠文王很害怕，不想去。

蔺相如和大将军廉颇都说："如果大王不去，显得赵国太胆小了。"

于是，赵惠文王决定由蔺相如跟着他去渑池与秦昭王相会，廉颇率领大军护送赵惠文王到边境，然后部队就在边境驻扎下来，以备不测的事件发生。

到了渑池，两国的大王举行了表示友好的宴会。

在宴会上，秦昭王突然说："听说赵王喜欢弹琴，请你奏一支曲子为酒宴助兴吧！"

赵惠文王只好让人端上琴来，弹了一曲。

这时，秦国的御史走过来，一边在竹简上写一边念道："某年某月某日，秦王和赵王在渑池举行宴会，秦王命令赵王鼓瑟（弹琴）。"

蔺相如很不高兴，上前对秦昭王说："听说秦王擅长击缶，请大王敲敲缶让大家高兴高兴。"

秦昭王大怒，他哪里肯敲?

蔺相如端着缶走过去，献给秦昭王，秦昭王还是不敲。

蔺相如说："我现在离大王只有五步，如果大王不答应，我拼死也要溅你一身血。"

秦王的侍卫拔出刀冲上前，要杀蔺相如。蔺相如瞪大双眼大喝一声，卫士们吓得连连后退。

秦昭王见蔺相如这样强硬，连卫士都不怕，只得勉强敲了几下缶。

蔺相如叫来赵国的御史，也把这件事情写下来，并高声念道："某年某月某日，赵王和秦王在渑池相会，秦王为赵王敲缶助兴。"

秦昭王在渑池会上没占到赵惠文王什么便宜，又听说廉颇率领赵军在边境屯兵，故秦昭王和秦国军队始终没敢轻举妄动。

在渑池会上，蔺相如立了大功，赵惠文王任命蔺相如为上卿，相当于相国，地位在廉颇之上。

"渑池之会"这个故事记载于《史记》，蔺相如在渑池会上，展现了弱国外交家杰出的才能，几千年来为人们津津乐道。

负荆请罪

渑池会后，蔺相如当了上卿，地位在廉颇之上。

廉颇很不服气，他对别人说："我一生打了许多仗，攻无不克，战无不胜，立了许多大功。蔺相如就凭一张嘴，地位反而比我高，我碰上他，一定要羞辱羞辱他。"

廉颇的话传到蔺相如耳朵里，蔺相如为了减少矛盾，就请病假不上朝，避免与廉颇见面。

一天，蔺相如坐着车外出，远远见到廉颇将军的车子，蔺相如赶紧让车夫把车子拐到别的街巷里去了。将相之间一场公开的冲突就这样化解了。

蔺相如的手下人都不高兴了，车夫说："蔺大人怕廉颇将军就像老鼠见了猫，我们当下人的都看不下去了。大人这样做，真让我们抬不起头来。"

蔺相如对手下人说："廉将军与秦王比，哪个更厉害？"

手下人说："当然还是秦王厉害。"

蔺相如说："我蔺相如连秦王都不怕，还怕廉颇将军吗？大家想想，秦国不敢进攻赵国，就因为赵国有廉颇将军和我。如果我和廉颇将军不和，秦王知道了，必然要派大军攻打赵国。我之所以躲着廉将军，为的是赵国呀！"

蔺相如的这番话传到了廉颇将军耳朵里。廉颇将军毕竟是一个正人君子，得知此事后非常惭愧，他想：我为了争地位，闹个人意气，不顾国家利益，真是不该呀！

廉颇思来想去，越想越觉得自己不对。于是，他脱了上衣，背着荆条，登门到蔺相如府上请求蔺相如责罚。

蔺相如见廉颇作为一个统领千军万马的大将军，能放下身段儿来负荆请罪，令他十分意外，也十分感动，连忙将老将军搀扶起来，把他迎进府里。

从此以后，蔺相如和廉颇这一文一武成了好朋友，实现了"将相和"，他俩同心协力保卫赵国。

这个故事出自《史记》，后人把这段故事概括为成语"负荆请罪"，有错误的一方主动向对方承认错误，往往被形容为"负荆请罪"。"罪"在这里不一定是罪过，一般是指错误。

纸上谈兵

战国时期，赵国将军赵奢曾经以少胜多打败过入侵的秦军，成为一代名将。赵惠文王任命赵奢担任上卿，地位相当于相国。

赵奢的儿子赵括出身在这样一个名将之家，他从小熟读兵书战策，与人交谈总爱谈论军事，别人没有他读的兵书多，谁也说不过他。夸夸其谈的赵括因此很骄傲，谁也看不起，自以为天下无敌。

赵奢将军却很替儿子担忧，认为赵括不过是纸上谈兵。赵奢临死前对妻子说："将来赵国不任用赵括当将军就没事了，要是任用赵括当将军，他一定会使赵军遭到失败。"

此后秦军又来进犯，赵军在长平一带顽强抵抗秦军。这时，赵奢将军已经去世，赵惠文王任用老将军廉颇为主将。

　　廉颇虽然年纪很大，但是打仗很有办法。他面对秦军进攻，号令部下不出击，以逸待劳，加强防守，使秦军无法前进半步。秦军主将知道，这样的局面长期拖下去对秦军不利，于是，派奸细在赵国京城邯郸使用反间计，用金钱买通了赵国官场上的奸臣，说廉颇作战不卖力气，秦军最怕赵括。

　　被收买的奸臣在赵惠文王跟前说廉颇将军的坏话，赵惠文王果然受骗上当，撤换了廉颇，任命赵括为主将。

　　赵括的母亲见丈夫的担心应验了，很是忧虑。她进宫把赵奢对儿子的评价告诉了赵王，请赵王不要让赵括当主将。赵惠文王不听。

　　赵括的母亲只好说，如果儿子赵括打了败仗，希望儿子的罪过不要牵连自己。赵王答应了。

　　赵括当了主将，完全改变了廉颇将军的作战方略，照搬兵书上的条文，主动出击，结果，四十多万赵军被秦军围歼，赵括本人在突围中也被秦军射死。赵国的实力锐减，陷入了空前的危机。

　　这个故事出自《史记》，后人把赵奢对儿子的评价提炼为成语"纸上谈兵"。这个成语往往用来讽刺那些没有实际工作经验、照搬书上的教条，夸夸其谈的人。

窃符救赵

战国时期，秦军在长平大败赵括率领的赵军后，又乘胜进攻赵国首都邯郸。赵国危在旦夕。魏国的公子信陵君的姐姐是赵国平原君的夫人，平原君好几次写信给魏王和信陵君，请魏国发兵救赵。

魏王派出大将晋鄙率领十万大军来到邺城前线后，却两边观望，按兵不动。

赵国的平原君多次写信，催促魏国发兵，信陵君急得无计可施，带着自己的门客要去救赵，在路过城门时，向他的朋友侯嬴告别。

侯嬴说："公子带着这点人去救赵，这不是去送死吗？"

信陵君说："那怎么办呢？"

侯嬴说："晋鄙带兵的兵符就在魏王的卧室里，大王最宠幸的如姬能进入大王的卧室。因为如姬的父亲被仇人杀害，如姬想尽办法为父亲报仇也没能实现，公子您的手下帮助她斩了杀父仇人。公子求如姬帮您窃兵符，她一定会答应的。"

信陵君去求如姬，果然，如姬在一天晚上把魏王灌醉，把兵符偷到手，交给了信陵君。

信陵君拿到兵符，就要出发。

侯嬴又说："晋鄙看到兵符后，也不一定相信是大王的意思，我给您介绍大力士、杀猪

的朋友朱亥，他擅长使大铁锥，晋鄙要是不交出兵权，就让朱亥用大铁锥杀死他。"

信陵君带着朱亥和自己的手下来到邺城前线，进入魏军大营，信陵君出示兵符，让晋鄙交出兵权。

老谋深算的晋鄙果然对这事表示怀疑，他说："兵符虽然是真的，我还是想请示了大王再说……"

信陵君向朱亥使了个眼色，朱亥大喝一声："晋鄙，验了兵符还不交权，你想造反吗？"说着，他用四十斤重的大铁锥打向晋鄙的头，把晋鄙杀死。

信陵君立即接管了晋鄙大军，他精选了八万精兵，向秦军发动了猛烈的进攻，邯郸城里的赵军也向外攻打，秦军抵挡不住，只好撤军，信陵君通过"窃符救赵"，挽救了赵国。

毛遂自荐

战国时期，强大的秦军入侵赵国，在长平一战中，一举歼灭了赵国四十多万大军，秦军乘胜追击，包围了赵国首都邯郸。

赵国面临的形势万分危急，平原君赵胜要前往楚国求救兵。他要精选二十名文武全才的门客跟他一起前往楚国。平原君选了又选，还差一个人。

有一个叫毛遂的门客走上前，向平原君说："毛遂听说公子要和二十名门客到楚国去求救兵，还少一个人，公子就让毛遂凑个数吧！"

平原君问："你来到我门下有几年了？"

毛遂说："有三年了。"

平原君说："有本事的人来到世上，就好比锥子藏在囊中，尖儿立即能突出来。你在我门下三年，我都没听到左右的人夸你的话，这是因为你没什么才能的缘故吧？请先生留下吧！"

毛遂说："我不过今天才请求进入囊中罢了。如果我早点儿进入囊中，我就会像麦穗的芒那样，整个锋芒都会显露出来，不仅是尖梢露出来而已。"

平原君点点头，终于同意毛遂一道前往楚国。另外十九个门客都看不起毛遂，但谁也没说什么。

到了楚国，赵胜带着门客们来到楚王宫，楚王只接见了平原君一个人，门客们只能站在宫外的台阶下。两人坐在宫殿上，从早晨谈到中午也没有谈出结果。

毛遂跨上台阶大声喊起来："出兵的事，不是利就是害，不是害就是利，简单而又明白，为什么议而不决？"

楚王恼火地问平原君赵胜："这人是谁？"

平原君答道："此人名叫毛遂，是我的门客！"

楚王喝道："赶快下去！我和你主人说话，你来干吗？"

毛遂不但不退下，反而又跨上几个台阶。他手按宝剑说："如今大王和我距离不到十步，大王性命就掌握在我手中！"

楚王很欣赏毛遂的勇气，没再呵斥他，认真地倾听毛遂讲话。毛遂把出兵援赵有利于楚国的道理做了精辟的分析。毛遂的话说得楚王

心悦诚服，马上答应出兵。

没过几天，楚、魏等国联合出兵救赵。秦军只好撤军了。

平原君赵胜回到赵国后待毛遂为上宾。他感叹地说："毛遂一到楚国，楚王就不敢小看赵国了。"

这段故事来自《史记》，后人把这段故事总结成成语"毛遂自荐"，比喻不用别人介绍，自己推荐自己能胜任某项工作。

奇货可居

战国时期，赵国有一位大商人叫吕不韦，他靠做生意发了大财。他看中的事情舍得投资，所以在做生意的时候，往往能赚大钱。这个人也是一个很有政治头脑的人，他最成功的投资就是他在秦昭王的孙子异人身上的投入，使他一步进入了强大的秦国的政界，并且当上了秦国的相国，权倾朝野。这是怎么回事呢？

这年，吕不韦正在赵国的都城邯郸做生意，一天，他在邯郸街头看到一位气度不凡的年轻人。有人对吕不韦说："这个人是秦昭王的孙子，叫异人，正在赵国当人质。"

那时，秦赵两国常常交战，赵国打不过强大的秦国，就常常为难异人，致使他的生活非常艰难，也非常清苦。冬天，异人连棉衣都没有。

吕不韦望着异人的身影，自言自语地说："此奇货可居也！"

吕不韦匆匆地回到家问父亲："种地能得多少利？"

他父亲也是一位十分精于算计的人，他说："也就是十倍的利吧。"

吕不韦又问："贩运珠宝呢？"

他父亲说："可得百倍的利。"

吕不韦再问："要是把一个不得意的人扶持成国君呢？"

他父亲惊讶地摇着头，说："那就无法计算了。"

其实，吕不韦此时已经勾勒出一个宏大的规划，要把异人扶上秦国国君的位置，自己将立下不世之大功。吕不韦决心做这笔大生意，他首先拿出了一大笔钱，想办法结识了异人。

吕不韦对异人说："我想办法让秦国把你赎回去，立你当太子，将来你就是秦国的国君。"

异人这时只是个落难公子，生活朝不保夕，哪里敢想这样的美事？他喜出望外地说："要是能实现，我一定好好地报答你。"

吕不韦来到秦国，用重金收买了太子安国君的亲信，请安国君把异人赎回国。吕不韦的钱没有白花，安国君果然把异人赎回了国。

吕不韦实现了规划的第一目标后，信心大增，他继续实施第二步计划，他送给安国君最宠爱的华阳夫人许多珍宝，让华阳夫人收异人为儿子，这个目标也很快实现了。

秦昭王死后，安国君即位当了秦王，就是秦孝文王，异人被秦孝文王立为太子。吕不韦又实现了他的政治规划的第三步，异人离国君只有一步之遥了。

事情的发展简直是天从人愿，秦孝文王是个短命的君王，即位没多久就死掉了。异人即位当上了秦王，就是秦庄襄王。

秦庄襄王不忘吕不韦的大恩，拜吕不韦为相国，封他为文信侯。秦庄襄王死后，太子嬴政即位，就是秦始皇，秦始皇称吕不韦为"仲父"，吕不韦权倾秦国。此时，吕不韦当年在异人身上的投资，不但都收回来了，而且收益不知高出了投资多少倍，吕不韦可谓是政治上最成功的投机商。

这个故事出于《史记》，后人把吕不韦最初见到异人说的话"此奇货可居"概括为成语"奇货可居"，意思是把稀有的珍奇货物收买屯集起来，选择适当的时候再售出，以获得更高的收益。

一字千金

战国末年，赵国商人吕不韦帮助在赵国当人质的秦王的儿子异人回到秦国，并把自己的侍妾赵姬献给异人当妻子，还帮助他成为太子安国君和华阳夫人的养子。安国君当上秦王后，没过多久就死了，异人奇迹般地当上了秦王，他就是秦庄襄王。

因为吕不韦拥立异人有功，被封为文信侯，担任相国。这下，吕不韦一下子成了一人之下、万人之上的权臣。

秦庄襄王异人在位不到三年，也病死了，由嬴政即

位当了秦王，传说，嬴政是吕不韦和赵姬的儿子。嬴政尊吕不韦为仲父，开始，秦国的大权完全控制在吕不韦和赵姬手里。

战国末年，贵族养士成风，吕不韦的府上也养了三千门客。这些门客，三教九流，什么人都有，当然，他们之中也不乏真正的人才。

吕不韦让这些门客把自己的见解和心得都写出来，汇集成一部二十多万字的书籍，那时候，书上的字都是刻在竹简上的，二十多万字应该算是巨著了，这部书的题目就叫《吕氏春秋》。

《吕氏春秋》这部书籍包括政治、历史、文化各方面的内容，具有相当高的史料和文献价值。

吕不韦让人把《吕氏春秋》这部书在秦国首都咸阳公布，并出了赏金，说是对能在书中加一个字，或者减一个字的人赏赐千金。

这段故事来源于《史记》，后人把这个故事概括为成语"一字千金"，这句成语形容某一篇文章的价值很高，在修辞上特别讲究，字字珠玑，不可多得，换掉一个字几乎是不可能的。

图穷匕见

秦军灭亡赵国后，大军逼近燕国边境。燕国太子丹把侠客荆轲找来，对他说："秦军迟早要渡过易水河，我原打算长期养活您，现在看来做不到了。"

荆轲就是想刺秦王才来投奔太子丹的。荆轲明白，太子丹要他实施刺杀的计划了，他说："请杀掉投奔您的秦国将军樊於期，把他的人头给我，还有燕国督亢地区的地图，作为献给秦王的礼物。这样秦王才会接见我，我才有机会实施刺杀计划。"

太子丹不忍心杀害樊於期。于是，荆轲私下拜会了樊於期，他对樊於期说："秦王对将军够狠毒的，他灭了您的宗族，还悬赏追杀您。"樊於期痛苦地问："我该怎么办？"荆轲说了他的刺杀计划，并说希望得到樊於期的头颅，献给秦王，这样才能接近秦王。樊於期听了立即自杀。

　　太子丹听说樊於期自杀之事，趴在樊将军身上大哭。他命令手下人把樊於期的头颅用盒子装起来，交给荆轲。又花重金买了一把锋利的匕首，在匕首上抹上剧毒，让荆轲带上，并派武士秦武阳作为荆轲的助手。

　　太子丹和朋友们到易水边为他送行，荆轲慷慨悲歌："风萧萧兮易水寒，壮士一去兮不复还！"荆轲跳上车，绝尘而去，再也没有回头。

　　荆轲和秦武阳来到秦国，送厚礼给秦王的宠臣，求他对秦王说："燕王愿意称臣，他向您献上樊於期的头和燕国督亢的地图。"

　　秦王同意在宫中接见燕国使者。荆轲手捧着装有樊於期头颅的盒子，秦武阳捧着装地图的匣子，来到殿前台阶下，秦武阳害怕得变了脸色。荆轲向秦王道歉说："边远地区的人没见过大王，有些害怕，望大王原谅。"秦王说："把地图拿给我。"

　　荆轲从秦武阳手里拿过地图并打开来，地图全部展开后露出匕首——"图穷而匕首见"。荆轲一把抓住秦王的袖子，右手用

匕首向秦王刺去。秦王吃惊地挣断衣袖，并立即拔剑，但剑太长拔不出来。情况非常危急。秦王绕着柱子跑，荆轲在后面紧追秦王。

群臣都慌了手脚，按照秦国法律，大臣不能带兵器上殿。带兵器的侍卫都在殿下侍候，没有命令不许上殿。因此，荆轲能毫无阻挡地追赶秦王。这时，御医用药袋扔向荆轲。左右大臣提醒秦王："大王把剑背在背上！"于是，秦王把剑弄到背上，这才拔出剑来。秦王用剑砍断荆轲的左腿，荆轲倒下了，他只好把匕首投向秦王，匕首击中了柱子。秦王用剑砍杀荆轲，荆轲身中八处剑伤。

刺杀失败了。荆轲靠着柱子大笑："事情之所以失败，是想活捉你呀！"

秦王的大臣上前斩了荆轲。秦王很长时间面如土色，缓不过劲儿来。

这段故事载于《战国策·燕策三》中，原文中有"图穷而匕首见"这样的话，后人把这句话概括为成语"图穷匕见"，原意是把地图展开到尽头，现出了匕首。成语后来一般比喻凶恶的敌人阴谋败露，露出了最毒辣的招术。"见"在这里念 xiàn 的音，展现、露出的意思。

鸿鹄之志

秦朝末年，阳城这个地方有一个叫陈涉的人，因为家里贫穷，不得不到有钱人家里给人家当长工种地。陈涉虽然很穷，却有远大的志向。

一天，陈涉正在庄稼地里锄地，他对于自己和伙伴们处在受压迫和剥削的地位愤愤不平，他决心要改变这种境遇。他对种地的伙伴们说："假如我们中间谁改变境遇富贵了，可不能互相忘记啊！"

伙伴们都笑话陈涉："像这样受雇给人家种地，怎么能得到富贵呀？"

陈涉长叹一声说："唉！燕子和麻雀怎么能够知道天鹅的志向呢（燕雀焉知鸿鹄之志）？"

就在秦始皇死后，秦二世登基当皇帝那一年，陈涉和吴广发动了中国历史上第一次农民大起义，建立了中国历史上第一个农民政权。

这个故事出自《史记》，后人把陈涉的话概括为成语"鸿鹄之志"，"鸿鹄"是指天鹅那样的大鸟，飞得很高很远。"志"指远大的志向。这里指志向远大的人，成语比喻具有像天鹅那样展翅高飞的志向。

拔山扛鼎

秦朝末年，出现一位叱咤风云的悲剧英雄，他就是项羽。项羽是楚国贵族的后代，是战国时期楚国名将项燕的孙子，项燕在抗击秦国入侵的战争中兵败身亡。

项羽的身体里流着名将的血液，他决心要替爷爷项燕报仇，恢复楚国。他从小跟着叔叔项梁生活。秦始皇灭六国后，项羽跟着叔叔项梁四处逃难，流落到江东吴地一带。

项羽身高八尺，大约相当于现在一米八几的个子，力大无比。据说，项羽能举起重好几百斤的大鼎。项羽从小不爱读书，项梁就让他学习剑术。不料，他练了些日子，就又不爱学了。

叔叔项梁问他："人要做大事，没有本事可不行啊，你想学什么呢？"

项羽回答说："我要学万人敌。"

从此，项羽就研读兵书战法，在兵书战策中寻求"万人敌"的方略。然而，项羽学习兵法也是浅学辄止。

项梁是一位胸怀大志的义士，他和一些有共同志向的人暗中招兵买马，积蓄力量，密谋反秦大计。

秦朝末年，爆发了以陈胜、吴广领导的农民大起义，项梁和项羽叔侄俩见时机已到，在江东起兵反秦，响应陈胜。从此，项羽开始了他的轰轰烈烈的复国大业。

在反秦的浪潮中，战国时期六国贵族后裔都趁机起兵反秦，有的不是六国贵族的后代，也打着六国贵族后代的旗号造反，恢复了原来六国的国号。

项梁和项羽叔侄拥立楚怀王的孙子熊心即位为王。在一次战役中，项羽的叔叔项梁不幸战死，项羽便继承了反秦大业。

赵国受到秦军主力的进攻，向楚国求救。楚怀王命令宋义、项羽率兵救赵。宋义根本不敢出战，项羽杀死宋义，自立为上将军，率兵

出战。项羽打败了秦军主力，令他的敌人闻之胆寒。秦朝灭亡他是立了头功的，所以，他自立为西楚霸王。由于他自幼不好好学习，为他的失败埋下了祸根儿。在跟刘邦决战垓下的时候，项羽陷入了重重包围，最后自杀在乌江。

项羽临死前对美人虞姬慷慨悲歌："力拔山兮气盖世，时不利兮骓不逝。"《史记》中说他"力能扛（gāng）鼎，才气过人"。后人总结出"拔山扛鼎"的成语。形容有超人的力气。还引出另一成语"扛鼎之作"，形容文学上最有分量的作品。

破釜沉舟

秦朝末年，爆发了陈涉、吴广领导的农民大起义，战国时期被灭亡的六国贵族也趁机起兵反秦。项羽和他的叔父项梁也是起兵造反的六国贵族之一。当时，秦国的军队仍然很强大。秦二世派大将章邯攻打赵国，楚怀王命令宋义为上将军，项羽为副将救援赵国。

没想到，宋义带兵到安阳后，四十六天停滞不前。项羽一再要求进兵，和赵军里应外合，夹击秦军。谁知宋义另

有打算，他想让秦军和赵军拼得精疲力竭再进兵。宋义不但不进军，还与人在帐中吃喝玩乐，而士兵却饿着肚子。

项羽忍无可忍，闯进大帐，杀了宋义，并说宋义勾结齐国反楚，他奉楚怀王密令杀死他。楚军将士们立即拥立项羽为代理上将军。项羽上报楚怀王，楚怀王只好任命项羽为上将军。

项羽采取了一系列果断措施，他命令大军全军渡河，把所有的船只凿沉，打碎烧饭用的锅子——"破釜沉舟"，并只带三天的干粮，决一死战，没有后退的打算。

这支有进无退的楚军到了巨鹿外围，立即包围了秦军，进行了九次大战，楚军切断了秦军的补给线，负责进攻巨鹿的两名秦将，一名被捉，一名投火而死。

秦军主将在战场上兵败，秦王朝又不信任他，只好率军投降项羽。

在这之前，来救援赵国的各路诸侯有几支大军，由于被章邯的威名吓倒，没有一支敢与秦军交战。现在，见秦军主将都投降了项羽，都吓坏了，各路救援军的主将都爬着进入项羽的大帐，来拜见项羽。这一仗大大地削弱了秦军的力量，加速了秦朝的灭亡，也大大地提高了项羽的声威，使他的部队成为最强大的反秦武装。

这段故事引自《史记·项羽本纪》，《史记》中有"皆沉船，破釜甑，烧庐舍，持三日粮，以示士卒必死，无一还心"这样的话。后人根据这段话总结出成语"破釜沉舟"，用来比喻拼死一战的决心。

沐猴而冠

秦朝末年，刘邦、项羽等起兵反秦。刘邦首先攻破秦都咸阳，项羽的部队因为与秦军的主力作战，消灭了秦军的主力，所以，项羽耽误了进入咸阳的时间。

原先，楚怀王曾与各路将领约定：谁先进入咸阳，谁就在关中为王。

因此，项羽很不乐意，他带领人马，冲入城内，大肆屠杀抢掠，并且杀了已投降的秦王子婴，放火焚烧秦王宫，大火一连烧了几个月都没有熄灭。项羽还搜刮了许多金银财物，掳掠了一批年轻妇女，准备回到东方去。

当时，项羽手下有人劝项羽仍在咸阳建都，因为"关中地区有险可守，而且土地肥沃，在此建都，可以奠定霸业"。

项羽看看秦王宫都已烧毁，残破不堪，同时他又怀念故乡，一心想回楚地，便说："人富贵了，应归故乡，富贵不归还故乡，好比锦衣夜行，谁看得见？"

那人听了项羽这句话，觉得项羽作为一个英雄实在不够，心里不免对他有些鄙视。于是在背后对人说："人家说楚国人（指项羽）不过是'沐猴而冠'罢了，果然不错！"

不料，这话被项羽知道了，他立刻派人把此人抓来，投入鼎中活活煮死。

由于项羽的自骄自傲，再加上战略失误，最终走上穷途末路，被刘邦打败，项羽兵败自杀而死。

　　后人把劝项羽的那个人的话总结为成语"沐猴而冠"。"沐猴"是指猕猴，"冠"是指戴帽子，意思是猕猴穿衣戴帽，毕竟不是人。这里是指责项羽徒有其表，其实算不上英雄。后世拿这句成语比喻一些徒有其表，而没有真才实学的人。

十面埋伏

　　楚汉战争开始后，刘邦屡战屡败，楚霸王项羽一直占上风，战争到了后期，汉王刘邦渐渐占了上风，他率军追击向彭城退却的项羽。刘邦要想彻底消灭项羽，力量还不够。

　　这时，汉军大将韩信、彭越和各地诸侯手下都握有重兵，但都在观望，刘邦十分着急。

　　张良向刘邦献计，给韩信、彭越和各路诸侯写信，请他们出兵，打败项羽后，共分天下。这封信果然起了作用，大将韩信、彭越和各地诸侯纷纷出兵，刘邦组成了灭楚的联军，刘邦任命大将韩信为联军的统帅。

　　楚汉决战开始了。韩信率各路大军在垓下设了十面埋伏，鲁莽的项羽率领着楚军陷入了重围，他的部队越战越少，最后在乌江边自杀，汉军取得了楚汉战争的彻底胜利。

　　这个典故出自《史记·淮阴侯列传》，后人把"十面埋伏"概括为成语，形容作战中占有绝对优势的一方，设下重重包围，致敌于死地。

霸王别姬

推翻秦朝后，汉王刘邦和楚霸王项羽陷入了争夺天下的战争。

楚汉相争时，西楚霸王项羽在垓下中了刘邦手下大将韩信的十面埋伏，楚兵越战越少。

项羽在大帐中望着自己的乌骓马和美人虞姬，唱出了悲壮的歌："力拔山兮气盖世，时不利兮骓不逝。骓不逝兮可奈何！虞兮虞兮奈若何！"

这首歌的意思是："我力可拔山啊，豪气可盖世。时运不济啊，我的乌骓马也不走了。乌骓马不走了，我能怎么办啊？虞姬啊虞姬，我可把你怎么办啊？"

美人虞姬也为项羽唱了最后一首歌："汉兵已略地，四方楚歌声；大王意气尽，贱妾何聊生。"唱完后，虞姬拔出宝剑自刎而死。

项羽跨上乌骓马，率领着残兵败将，投入了最后的战斗，项羽最后在乌江边自杀而死。

这段故事引自《楚汉春秋》和《史记正义》，后人把这段故事概括为成语"霸王别姬"，形容斗争的双方中失败的一方到了穷途末路的地步。

一败涂地

　　秦朝末年，秦朝政府残酷地压迫各地的农民，大兴土木工程，修建长城、宫殿和墓地，动不动就抓几十万人去做苦工。

　　沛县县令派刘邦押送一批民伕到骊山去做苦工，走到半路上，这些民伕逃走了许多。刘邦是个聪明人，他想：这样下去，到不了骊山，民伕就会逃光的，自己也免不了要被治罪。刘邦想来想去，索性把那些没逃跑的民伕都放了，他自己决定藏到芒砀山中去避避风头。一些不愿意逃走的民伕愿意跟着刘邦走，他们一起躲到了芒砀山中，刘邦就成了这些人的首领。

　　秦二世当皇帝那年，陈涉在大泽乡起兵造反，自称楚王，农民起义军的声势很大。

　　沛县县令看到天下大乱，也想归顺陈涉，趁机起事。

　　沛县县令的属下萧何和曹参都是刘邦的朋友，他俩向县令进言说："县令大人是秦朝官吏，现在背叛秦朝，恐怕有些人不服。不如把刘邦召回来，让刘邦当头，管制那些不服的人，事情就好办了。"

沛县县令当即决定，让刘邦小姨子的丈夫樊哙去请刘邦，刘邦回来时带回来一百多人，叫县令打开城门。

谁知，反复无常的县令这时竟然后悔了，他怕刘邦的势力太大，不听他的。于是，下令把城门关闭，不让刘邦进城。

这下，把刘邦弄得进退两难了，他们已经离开了芒砀山，沛县县城又进不去，这时如果秦朝的大军前来剿灭他们，刘邦和他带来的人将十分危险。

好在刘邦是一个敢作敢为的人，他当机立断，决定造反。刘邦在城外写了一封信给城中的父老，把信绑在箭上射进城里，号召沛县父老杀死县令，共同反秦。

城中父老们早就受够了秦朝的统治，果断采取行动，杀掉县令，打开了城门，迎接刘邦进城，并请刘邦做县令。

刘邦推辞说："这是一件大事，假如当县令的人选安排不当，就会'一败涂地'。请大家另选别人吧！"

最后，大家把刘邦推到县令的座位上，硬让他当县令，刘邦当了沛县县令，被手下称为沛公。

这个故事来源于《史记》，文中有"今置将不善，一败涂地"的话，意思是"现在选择的县令不合适，就要失败，将肝脑涂在地上"。后人把原话概括为成语"一败涂地"，表示彻底失败。

运筹帷幄

秦朝末年，刘邦和项羽都起兵反秦。他们开始联合作战，共同推翻了强大的秦朝，随后二人之间又展开了争夺天下的战争。

论本事，项羽武艺高强，力能扛起千斤，而且起兵的时候，项羽和他叔叔项梁的势力和影响要比刘邦大得多。然而，刘邦善于任用人才，势力越发展越壮大，最后，刘邦打败了项羽，建立了西汉政权，当上了西汉的开国皇帝。

一次，刘邦在洛阳南宫大宴群臣，他向大臣们提出这样一个问题："在楚汉争夺政权的战争中，我为什么会取得胜利，项羽为什么会失败呢？"

大臣们有的说，刘邦让有才能的人攻占重要城池和战略要地；也有的说，刘邦给有功的人加官进爵，项羽恰恰相反，有人才不用，立了功也不奖，所以项羽才失败了。

刘邦听了大臣们的话，不住地点头，他笑着说："诸位爱卿说得都很对，但最重要的是我会用人。"

刘邦把"汉初三杰"——萧何、张良和韩信的优点都列举了一番。他说，论筹集粮草，招兵买马，建立巩固的后方，我不如萧何；统领千军万马，阵前交锋打仗，我不如韩信。

说到张良的时候，刘邦说："运筹帷幄，决胜千里之外，我不如子房（张良的字）。"意思是说张良坐在军帐中，就能决定千里之外战场上的胜利，说明张良计谋很多。

同时，刘邦对萧何和韩信的本领也给予了恰当的评价和肯定。

不成功的领袖，往往是因为心胸狭隘，看不到甚至猜忌、嫉妒部下的长处，这样的领袖不失败才怪呢！而项羽恰恰就是这样的不成功的领袖。

刘邦恰恰相反，他能看到部下的长处，妥善地发挥他们的长处，让人才的力量发挥到极致，这样的领袖领导下的集体，怎么能不胜利呢？刘邦恰恰是这样成功的领导。由于刘邦有这样的长处，使他能够夺取天下。

这段故事出自《史记》，后人把善于谋计致胜总结为成语，"运筹帷幄"，形容军事统帅和军事家坐在军帐中就能决定千里之外战斗的胜利，来夸奖军事家是军事天才，善于用兵作战。

萧规曹随

西汉时期，"汉初三杰"之一的相国萧何死了。

在外地为官的曹参听到这个消息，对他手下人说："快收拾行装，我要进京当相国了。"

过了没几天，京城果然来人传达皇帝的旨意，说让曹参进京当相国。曹参跟萧何关系是不是特别好呢？开始，曹参地位低下时，跟萧何关系很好，当曹参当了将军，两个人之间倒有了隔阂。然而，萧何知道曹参是个忠厚的人。他临死前向皇上推荐曹参当相国。

曹参当了相国，一切都遵照萧何制定的规矩办。选官吏时，凡是能说会道、追名逐利的官员，曹参绝对不推荐。凡是嘴巴笨拙的忠厚人，曹参就重用。除此，曹参什么都不管。

官员们见曹参当了相国不做事，都想到相府来探听探听虚实。可

是，曹参不给他们说话的机会，只让他们喝酒。

曹参当相国不做事的名声传到皇帝耳朵里去了，一次，皇上对曹参的儿子曹窋抱怨说，曹相国为什么整天不做事呢？

曹窋听了皇上的批评，回家后，用皇上的话劝告父亲。

曹参大怒，用竹板打了曹窋二百下，并批评他说："天下的大事不是你应当议论的。"

曹参上朝时，皇上问曹参："相国为什么责罚曹窋呢？是我让他劝你的。"

曹参摘下帽子谢罪说："陛下想一想，您和高皇帝（刘邦）相比，哪个更英明？"

皇上说："我怎敢和高皇帝比呢？"

曹参又说："陛下看我和萧相国比，哪个更强些？"

皇上说："你好像赶不上萧相国。"

曹参说："陛下说得对，高皇帝和萧相国把法令已经制定好，陛下只需要无为而治，像我只需要恪守职责，遵循他们制定的法律不走样，不就行了吗？"

皇帝说："好，你歇着去吧。"

就这样，曹参在朝廷担任相国三年，坚持清静无为不扰民，遵照萧何制定的法规治理国家，使国家政治稳定，经济发展，人民生活得

到了很大提高。

这一段故事出自《史记》，汉朝学者扬雄这样评价汉初几个名臣："萧规曹随，留侯（张良）画策，陈平出奇，功若泰山。"后人把扬雄的话"萧规曹随"提炼出来作为成语，意思是继任官员完全按照前任官员制定的正确政策、法规办，一点都没有改变。

一饭千金

刘邦手下"汉初三杰"之一的大将韩信，出生在秦朝末年，他在不得志的时候，家里很穷，有时候连饭都吃不上。韩信常常到左邻右舍、亲戚朋友家里去蹭饭。别看韩信平日不干活，身板儿却好得很，他常常在家里练习剑法，因此饭量惊人。蹭饭次数一多，左邻右舍、亲戚朋友谁能给他好脸色啊？用白眼瞪他，用风凉话说他，成了家常便饭。

在这样艰难的情况下，韩信没有忘记读兵书战策，练习武艺。他想，天生我才必有用，他一边艰难度日，一边在等待着施展才能的机会。

有一个亭长对他还不错，给了他一个帮工的机会。他公务忙时，就让韩信帮着自己收收赋税，催催徭役，这对于韩信不是什么难事，他能写也会算，亭长用他也很顺手。这下，韩信又有了蹭饭的对象啦。他竟然理直气壮地到亭长家去蹭饭，亭长也不好说什么。

谁知，亭长的老婆对于韩信每天到他家来蹭饭，很不乐意，亭长的老婆悄悄把吃饭的时间提前了，等韩信来时，亭长一家人正打着饱嗝，在一边养神儿呢！亭长的老婆也早已经开始刷锅洗碗了，弄得韩信进退两难。

韩信没了蹭饭的地方，肚子饿得咕咕叫，他只好拿着钓鱼竿来到

护城河钓鱼。钓鱼可不是每天都能钓得到的，韩信有时候不得不饿肚子。再说，韩信哪里是钓鱼的料呀？有时候，钓了半天，一条鱼也没钓着。韩信只好饿着肚子。

他钓鱼的地方，有一些漂洗棉线的妇女，其中有一位老婆婆很同情韩信。一天，到中午吃饭时，漂洗棉线的女子们都吃带来的饭，那位老婆婆见韩信没带饭，就把自己的饭分一半给韩信吃。韩信很感激老婆婆，说将来一定要重重地报答老婆婆。

老婆婆很不高兴地说："一个堂堂男子汉，连饭都吃不上，有谁还指望得到你的报答？"

这席话说得韩信的脸一阵红，一阵白的，但是，他仍然很感激这位分给他一半饭的老婆婆。

陈涉、吴广领导的农民大起义风起云涌，各地农民纷纷起来造反。韩信决定去参加农民起义军，开始在楚霸王项羽的手下当执戟郎，推翻秦朝后，韩信投靠了汉王刘邦，他辅佐刘邦打下天下，被封为楚王，韩信与萧何、张良一同被称为"汉初三杰"。

韩信想起自己受过老婆婆的恩惠，就命令手下人送老婆婆酒菜吃，还送给老婆婆一千两黄金，来答谢她。对于那位亭长，他也表示了感谢，但同时指出，亭长做好事，有始无终。那位亭长吓得直冒汗珠子，恨自己和自己的老婆目光短浅。

这个故事来自《史记·淮阴侯列传》，后人把这个故事概括为成语"一饭千金"，"一饭"指一顿饭，"千金"指馈赠千两黄金。这句成语

的意思是说，在困难的情况下，接受了别人的帮助，等自己有条件了，要重重地报答人家的恩惠。

胯下之辱

秦末，淮阴出了一位年轻人，他叫韩信。韩信家很穷，吃了上顿没有下顿。但是，韩信是有志向的人，他每天除了读书，就是练习剑术，外出时总挎着剑。

淮阴城里有个年轻的屠夫，是个小混混儿。这个屠夫也没什么本事，他就想通过治一治韩信，让韩信难堪一下，自己出出风头。

一天，屠夫和几个无赖喝了点酒，在街上闲逛，远远地看见了韩信。韩信迈着沉重的脚步慢慢地走来了，他那把长剑挂在背后。屠夫叉着腰，威风地往街心一站，挡住了韩信的去路，说："别看你个子比我高大，又喜欢佩戴宝剑，但你内心却是很懦弱的。"

韩信很讨厌这个小混混儿，不想与他纠缠，想绕过去。

屠夫仗着他们人多，挡住韩信的去路，侮辱他说："假如你不怕死，就用宝剑刺死我，不然，就从我的胯下爬过去。"

韩信握紧拳头，瞪

着这个屠夫，要论武艺，韩信杀这个屠夫，不费吹灰之力，但关键是他三天没蹭到饭，已经饿得前胸贴后心了，哪里舞得动剑？再说，杀人是要偿命的。那样，自己的志向和抱负就全完了，有什么必要跟一个小混混儿争高低呢？好汉不吃眼前亏，经过一番思想斗争，他为自己的妥协找了一万个理由：还是爬吧。即使自己爬过去也不会少一块肉，想到这里，韩信果真俯下身去，从对方的胯下爬了过去。

街上看见这一幕的人都哈哈大笑，大家都嘲笑韩信懦弱。

韩信真的胆小吗？不是，后来的事实证明了这一点。他离开淮阴后，几经周折，投奔了刘邦。刘邦登坛拜帅，韩信成了率领千军万马的大将军。他率部战无不胜，攻无不克，成为一代名将。西汉政权建立后，他被封为楚王。韩信衣锦还乡时，把那个屠夫召来，人们都以为韩信会杀了这个小混混儿。谁知，韩信不但没有杀他，还让他当了一个小军官。韩信认为，如果不是那个小混混儿从反面激励他，他也不会下决心离开淮阴，也就没有他后来轰轰烈烈的事业。事实证明，韩信不愧是一位能屈能伸的英雄。

这个故事记在《史记》中，后人把这个故事概括为"胯下之辱"，意思是让人从两腿下面爬过去，使其人格受到极大的侮辱。

百川归海

淮南王刘安是汉高祖刘邦的孙子，淮南厉王刘长的儿子，承袭父亲的爵位封为淮南王。刘安爱读诗书，喜好鼓琴，不喜欢声色狗马之事，潜心于治国安邦，好著书立说。他爱贤若渴，礼贤下士，把淮南国寿春治理成了文人荟萃的文化中心。刘安广揽贤士，府上聚集着许多门

客。他和众门客著成《淮南子》一书，这部书涉及政治学、哲学、伦理学、史学、文学、经济学、物理学、化学、天文学、地理、农业水利、医学养生等领域，包罗万象，有极高的学术价值。

后来，刘安以谋反罪被剥夺王位，并被押往长安。刘安在旅途中不堪凌辱，绝食自杀而死。他的《淮南子》一书成为研究先秦政治、文化艺术、自然科学的重要著作。

《淮南子》一书中有《氾论训》这样一篇文章。他在文章中写道：我们的祖先最早住在山洞里和水旁边，先人的衣着非常简陋，生活十分艰苦。

后来，祖先中出了圣人，圣人带着百姓建筑宫室，这样，人们才从山洞里走出来，住进了能避风雨的房子。圣人又教人们制造农具和兵器，用农具耕种土地，用兵器捕杀野兽。这时，人们的生活才有了保障。

再后来，祖先中的圣人又制作礼乐，制定了各种规矩，人们才进入了文明的社会。由此可见，社会是不断发展的，人们不是总用一种方式生活。古时候的制度不适合的，就应该废除，适用的就应该发扬。

以上的情况都说明，"百川异源，皆归于海"——像千百条发源在不同地方的江河一样，最后都会流入大海。

后人把刘安的话"百川异源，皆归于海"概括为成语"百川归海"这句成语。比喻大势所趋，众望所归。

一人得道，鸡犬升天

传说，淮南王刘安迷上了炼丹术，整天研究怎么得道成仙，他做梦都想修得正果，成为仙人。他觉得，飞入仙境，是多么逍遥自在的事啊！

于是，刘安整天吃斋念经，如痴如狂。他专门结交那些懂得巫术的人，待他们为座上宾，向这些人请教成仙的诀窍。

淮南王刘安痴迷修道的事，全天下人几乎都知道了，四面八方的术士，全都投奔到刘安的府上。这些术士有的带来了炼制多年的仙丹，献给刘安，并说："吃了这些灵丹，王爷您便可以成仙了。"

有的术士拿着自己研制的药对刘安说："您吃了这些药就可以得道了。"

刘安非常高兴，他重赏了那些给他献丹献药的人，将这些灵丹妙药都收藏好。

刘安有了术士们献的这些丹、药，修炼更一心一意了。他每天念经吃药，没想到，真的有一天，刘安觉得身轻气爽，不知不觉竟飘了起来。他果然得道了。他慢慢地升入了仙境。

刘安的妻子一看，丈夫刘安得道升天了，她也把那些灵丹妙药拿来吃，成仙升了天。

后来，刘安家的仆人也都争着吃剩下的灵丹妙药，一个个都得道升入了仙境。

再后来，就连刘安家那些鸡、鸭、猫、狗，因为舔了盛药的器皿里残余的仙药，也都随着成仙升天了。

当然，刘安修炼成仙不是真事，他是被当成罪人押往京城的途中，绝食而死的。因为，刘安生前，养了许多门客，在淮南一带影响极大。又因为他生前做了一些有益的事情，又没干什么坏事，他死后，人们怀念他，所以编造了这样一个他修炼成仙，比较美满的结局。

后来，人们把这个故事概括为一句成语"一人得道，鸡犬升天"，成语的意思完全变成了贬意。常常用来讽刺一个人在得势当了大官，家中的亲戚和朋友都跟着沾光，一个个都飞黄腾达了。

死灰复燃

韩安国，字长孺，梁县成安（今河南汝州）人，他是西汉时候的人。韩安国曾学习《韩子》及杂家学说，后来，他在汉景帝的弟弟、梁国（国都在商丘）梁孝王手下当中大夫，很受梁孝王信任。

韩安国因为犯事被捕，被关押在监狱里。梁孝王想尽各种办法，也没能使他获得释放。

监狱的狱吏田甲见韩安国不得势了，总找碴儿欺负、凌辱他。

韩安国无比愤怒地说："你是把我看成熄了火的灰烬了，难道死灰就不能复燃了吗？"

俗气的势利小人田甲狡诈地一笑，说："假如死灰能复燃，我就撒尿浇灭它。"

面对这样的小人，韩安国气得半天说不出话来。

韩安国被关的事引起了太后的关注。原来，韩安国在被捕前，曾经调解过汉景帝和梁孝王之间的矛盾，使皇上和梁孝王重新和好。

因此，太后非常看重韩安国，她亲自下诏书，让梁孝王重新起用韩安国。韩安国立即被释放，并当了梁孝王的内史。

狱吏田甲听说韩安国被梁孝王重新起用后吓坏了，连夜逃跑了。

韩安国故意对外扬言说，田甲如果不回来，就杀了他全家老小。田甲只好回来向韩安国赔礼请罪。

韩安国讥讽田甲说："现在死灰复燃了，你可以撒尿了。"

田甲吓得连连求饶："小人有眼无珠！小人不敢！大人饶命啊！"

韩安国平静地说："像你这样的人，真不值得我报复，起来吧！"

田甲听了，越加觉得无地自容。

这个故事出自《史记》，后人把韩安国的话总结为成语"死灰复燃"。"死灰"指燃烧的柴火被熄灭后留下的灰烬，"复燃"指再次燃烧。这个成语一般用来形容被消灭的势力重新复活。用的时候一般含有贬意。

一钱不值

灌夫是西汉初期的名将，曾经在平定七王之乱中立过大功。他性

情刚直，爽快粗鲁，讲究信义，说出的话一定做到。

灌夫常在公开场合慢待比他高的官员，而对地位比他低的，却比较尊重，当时，有才能而没有什么地位的人都愿意跟灌夫来往。

灌夫的优点很突出，缺点也十分明显，常因为喝醉了酒使性子，这是个致命的缺点，这个毛病给他惹下了灾祸。丞相田蚡娶了燕王的女儿，田蚡成亲那天，灌夫去参加田蚡的婚礼。

在田蚡的婚宴上，灌夫喝了不少酒，他端着酒杯来到田蚡面前，向他敬酒。身居高位的田蚡很傲慢，根本看不起这位性格粗鲁的武将，他只是欠欠身子，而且说："我不能喝完这一杯酒。"

灌夫用讽刺的口气说："你虽然是个贵人，但也应该喝完这一杯。"田蚡还是没喝。田蚡的傲慢让灌夫心里很不痛快。

灌夫来到开国功臣灌婴的孙子临汝侯灌贤面前敬酒，这时，灌贤正对着将军程不识的耳朵说话，他也像田蚡那样欠了欠身子。

灌夫本来憋了一肚子气，这时，再也忍不住了，立即责骂灌贤说："我一向说程不识不值一钱，今天你竟跟他学妇女的样子咬耳朵根子！"

灌夫这两句话一下子得罪了三个人，一是灌贤，二是将军程不识，三是丞相田蚡。最要命的是，他搅了丞相田蚡的婚宴。

灌夫为自己的率性而为付出了惨痛的代价，得罪了丞相田蚡可不是一件小事，后来，田蚡找碴子将灌夫全家满门抄斩，一位战功赫赫的名将竟然落得这样的下场。

这个故事来自《史记》，后人将灌夫说程不识的话总结为成语"一钱不值"，人们对于某人有轻视的意思，说这个人一无是处，

常说此人"一钱不值"。当然，这句成语不能乱用，朋友、同学、同事之间不要随便用这句成语评价人。不然，就会得罪人，我们也会为错用这句成语付出代价。

桃李不言，下自成蹊

李广是西汉时期著名的将军，他武艺高强，作战勇敢，年轻的时候就参了军，保卫祖国的北方边疆，他渐渐地成为下级军官，后来做到了将军。由于李广善于骑射，人们都称他为"飞将军"。李广一生中跟匈奴的部队打过七十多仗，战功卓著，受到士兵和百姓的爱戴。

李广虽然是统领千军万马的将军，但他待人和气，和士兵同甘共苦，一点儿也不居功自傲。每次得到朝廷的赏赐，他都把皇上赏赐的金银财宝分给手下的官兵。遇到粮食和水供应不上，士兵们吃不上饭，他绝不吃一口饭；士兵喝不上水，他也绝不喝一口水。

与匈奴部队打起仗来，李广将军能够身先士卒，在他的带动下，士兵们个个奋勇杀敌，不怕牺牲。

一次，李广受到排挤，在行动中担负费力不讨好的艰巨任务，而在行动中，他的部队又迷了路，受到主帅的问责，命他到主帅的大帐中去见大将军。这时，李广已经

是头发花白的老头儿，他认为这是奇耻大辱，他不堪这种污辱，自杀而死。李广去世后，噩耗传到军营时，全军将士无不失声痛哭，就连不认识的百姓也前来吊唁，在人民心目中，即使他在军事行动中有所延误，他仍然是一位可敬的杰出将领。

历史学家司马迁评价李广时说："桃李不言，下自成蹊。"意思是说，桃树和李树有芬芳的花朵，结甜美的果实，虽然桃树和李树自己不会言语，但仍能够吸引人们到树下欣赏它美丽的花朵，品尝它甜美的果实，以至于时间久了，桃树、李树的树下能够踏出一条小路。

"桃李不言，下自成蹊"这条成语出自《史记》，"桃李"指桃树和李子树，"不言"，不会说话，"成蹊"踏出一条小路。这句成语比喻高尚的人为人真诚，严于律己，一定会感动别人，会受到人们的尊敬。

霸陵醉尉

西汉时，飞将军李广由于在对匈奴的作战中失利，被撤职后在家中闲住。

在家时，李广心情不好，他常外出到蓝田的南山中打猎消遣。一次，李广带着一名随从到山中射猎。傍晚，在农民的田间野炊，凑合着吃了晚饭。

李广和他的随从回家时路过霸陵，霸陵是西汉王朝汉文帝的陵墓，李广和随从来到霸陵亭，恰好碰到守陵墓的霸陵尉喝醉了酒，霸陵尉大声喝止李广和他的随从，不让他们过去。

随从连忙指着李广介绍说："这位是过去的李将军，就请您放行吧！

不然，李将军就得在野外露宿，这样总不太好吧？"

霸陵尉喝多了，眯缝着眼睛说："皇陵禁地，就是今天的李将军也不能过去，别说是过去的李将军了！"

李广的心中十分郁闷，没法子，人在矮檐下，怎能不低头？李广只好和随从露宿在亭子外面，凑合了一宿。

没想到，过了些日子，皇帝又想起了李广，起用他当了右北平太守。

李广上任时，让霸陵尉跟着他一起来到北平，到了部队，李广立即杀掉了霸陵尉。

这个故事出自《史记》，南北朝的文人庾信把这个故事总结为成语"霸陵醉尉"。这个成语形容有的人狗眼看人低，对方在官位上，就尊重对方，对方失了官位，立即变了嘴脸。这个成语也说明落架的凤凰不如鸡，然而，霸陵尉并没有什么大错，他是在履行自己的职责，在执行的过程中，显得有些势利眼、固执、偏激，李广为这点小事杀掉他，做得实在不够大气，不是一位大将军所应该做的。

九牛一毛

西汉时，将军李陵率领的一支部队与匈奴的部队作战。

李陵率领的士兵只有五千人，初与匈奴的部队接触，打了胜仗，部队士气非常旺盛，这支部队便深入到匈奴境内很深的地方。

　　汉武帝接到李陵最初发来的战报，看到部队打了胜仗，十分高兴。许多大臣也拍汉武帝的马屁，说汉武帝善于用人。

　　后来，匈奴调集了八万大军，包围了这支孤军深入的汉军，李陵率领士兵苦战了十几天，消灭了一万多敌人，终因箭尽粮绝，不得不命令残部放下武器，暂时投降了匈奴。

　　消息传到长安，汉武帝得知李陵战败投降，非常气愤。原来向汉武帝祝贺的那些大臣反过来骂李陵不忠不义，只有太史令司马迁站在一边一声不吭。

　　汉武帝很奇怪，他问司马迁，对李陵投降匈奴这件事怎么看。

　　司马迁实话实说，李陵手下只有五千士兵，面对八万敌军，连续战斗十几天，共消灭了一万多敌人，已经很了不起了，最后箭尽粮绝，才停止战斗，李陵不会是真投降，他的功劳足能弥补他的罪过。

　　不料，汉武帝大怒，竟然将司马迁抓进大牢。

　　第二年，从北部边疆传来的消息说，李陵为匈奴练兵。汉武帝更是怒不可遏，竟然把李陵的母亲和妻子都杀了。汉武帝的做法使身陷敌国的李陵无路可走，只好死心塌地地为匈奴做事。

　　这时，身陷囹圄的司马迁也雪上加霜，廷尉诬告他攻击皇帝。

　　汉武帝大怒，对司马迁施行了最残酷、最耻辱的腐刑。

　　感到耻辱的司马迁觉得没有脸面活在世上，他想自杀，但转念一想，像他这样失去地

位、失去尊严的人死去，在权贵的眼中，不过是"九牛一毛"，非但得不到同情，还会惹人耻笑。

司马迁用写信的方式把这种想法的转变告诉了好友任少卿。他勇敢地活了下来，并以超人的毅力完成了不朽的历史著作《史记》。

这个故事出自《报任少卿书》，后人把司马迁的原话概括成为成语"九牛一毛"，比喻某种东西很少，不过是多数中极少的一部分，就像九条牛身上的一根毛一样。

匈奴未灭，何以家为

西汉时期，北方的少数民族匈奴的统治者常率领着部队骚扰汉朝北部边疆，汉武帝发动了多次抵御匈奴的战争，在战争中涌现出来一位杰出的年轻将领，他叫霍去病。

霍去病是大将军卫青的外甥，他从小就羡慕舅舅能够领兵去抵抗匈奴。后来，皇上发现霍去病是个人才，派他在部队里挑选了一些青少年，组成了一支部队，并让霍去病担任这支部队的将领。

霍去病十八岁那一年，率领这支由青少年组成的部队来到北部边疆到汉军大营效力。大将军卫青也很想试试霍去病的才能，让他继续统领这支小部队。

在一次行动中，霍去病率领着这支部队深入沙漠腹地，奇袭了匈奴统治者的大本营，杀死匈奴单于的爷爷，俘虏了匈奴的相国和单于的叔父。霍去病勇冠三军，受到汉武帝的嘉奖，被封为"冠军侯"。

后来，在又一次征剿匈奴的行动中，霍去病率领一支大部队向匈奴境内挺进两千多里，抵达狼居胥山，大破匈奴左贤王的部队。

霍去病屡立战功，使匈奴统治者遭受了沉重打击，匈奴浑邪王为首的统治者投降了汉朝。从此，匈奴再也没有能力对汉朝进行大规模的入侵，北部边境几十年没有发生战争。

霍去病征战数年，使汉朝疆域大大扩大，从此，祁连山、蒙古草原纳入汉朝的版图，成为中华民族繁衍生息的沃土。

汉武帝为了表彰霍去病的功绩，为他建造了豪华的将军府。霍去病坚决推辞，不肯接受。他在给皇上的信中说："匈奴未灭，何以家为？"意思是说，"敌人还没有被彻底消灭，怎么能想着安家呢？"汉武帝看到信后，大为感动。

霍去病成为与卫青同样有名的大将军，但连年征战夺去了他的健康。霍去病二十四岁，就因病去世，汉军失去了一位不可多得的将才！

这个故事出自《史记》，后人把霍去病的话总结为成语"匈奴未灭，何以家为"，通常用在抵御外敌的时候，有志之士在表明自己的志向时，说敌人还没有消灭，自己怎么能顾得上安自己的小家呢？

苏武持节

匈奴被大将军卫青、霍去病打败后，派使节来汉朝求和。汉武帝派中郎将苏武手持旌节回访匈奴。

苏武到了匈奴，向匈奴单于送上礼物后正等回信，不料这时出了一件事。苏武出使匈奴前，生长在汉朝的匈奴人卫律在出使匈奴时投降了。卫律手下有个叫虞常的人对卫律很不满，他私下跟苏武的副手张胜商量，想杀了卫律逃回中原。虞常的计划失败了，单于叫卫律审问虞常。

　　这时，张胜才告诉苏武。苏武说："事情一定会牵连到我。让敌人审问后再死是给朝廷丢脸。"他拔刀要自杀。张胜和随员常惠夺去他的刀，把他劝住了。

　　单于叫卫律逼苏武投降，苏武说："我是汉使，丧失气节有什么脸见人。"又拔出刀来自杀，卫律慌忙把他抱住，苏武受了重伤。卫律赶快叫人抢救，苏武苏醒过来。

　　单于十分钦佩苏武有气节。等苏武痊愈，卫律又来劝降。卫律先把虞常杀了，贪生怕死的张胜投降了。卫律对苏武说："副手张胜有罪，你也得受牵连。"

　　苏武说："我没跟他同谋，又不是他的亲属，为什么要受牵连？"

　　卫律说："我投降后，单于封我为王，享尽富贵荣华。先生如能投降也能封王。"

　　苏武怒气冲冲地说："你有什么脸和我说话？我决不会投降！"

　　单于把苏武关进地窖，不给他吃喝。这时刚入冬，外面下着大雪。苏武渴了就捧雪止渴，饿了就吃皮带、羊皮充饥。

　　单于把苏武流放到北海（今贝加尔湖）去放羊，单于

对苏武说："等公羊生了小羊，才放你回去。"

苏武到了北海，匈奴人不给他口粮，他就挖草根充饥。身边一个人都没有，只有那根旄节和那群羊和他做伴儿，旄节上的穗子全掉了。

后来，单于死了，新单于无力跟汉朝作对，又打发使者来求和。

这时，汉昭帝当了皇上。汉昭帝派出使者要新单于放回苏武，单于撒谎说苏武死了。汉使第二次出使匈奴，苏武的随从常惠私下和汉使见面，把苏武的情况告诉了使者。

汉朝使者见了单于，说："我们皇上在御花园射下一只雁，雁脚上拴着一条绸子，上面写着苏武还活着，单于怎么说他死了呢？"

单于以为是苏武的忠义感动了飞鸟，他向使者道歉说："我们把苏武放回去就是了。"

苏武出使时才四十岁。在匈奴受了十九年的折磨。苏武回到长安时，人们都出来迎接他。大家瞧见白胡须、白头发的苏武手里拿着光秃秃的旄节，没有不感动流泪的。后来，人们把苏武出使的故事总结为成语"苏武持节"。现在，人们把驻外大使称为驻外"使节"，这个称呼也是这么来的。

门可罗雀

翟公，是西汉时期邯县人，他在汉武帝时担任廷尉，是朝廷的最高法官，掌握着全国的司法大权。

翟公当廷尉的时候，拍翟公马屁的人很多，到他的府上拜访的络绎不绝，门庭若市。

后来翟公被皇帝罢了官，失去了权势。那些往日踏破门槛的宾客

们再也不登门了。翟府的门外冷冷清清，可以布置罗网，张网捕麻雀了——门可罗雀。

过了一段时间，皇帝又重新起用翟公，让他官复原职。

那些远离翟公的势利小人听说了这个消息，又要登门拜访翟公。

翟公在门口张贴了一张告示，告示中说："一死一生，乃知交情。一贫一富，乃知交态。一贵一贱，交情乃见。"

见到告示的那些人再也不好意思到翟府上打扰了。

这个故事出自《史记·汲郑列传》，后人把翟公被贬后，门庭冷落到可以设网捉鸟的情形，总结为"门可罗雀"这句成语。形容一个人丢官失势后，门庭冷落车马稀；或形容事业由盛而衰，宾客十分稀少的情况。

不寒而栗

汉武帝时，有个叫义纵的人，他姐姐义姁，医道高明，受到太后的宠信，太后要照顾义姁，问他有没有兄弟，义姁说有个弟弟叫义纵。义纵因此受到太后的宠信，当了上党郡一个县令。

义纵当上县令后，治理全县极为认真严厉。不管是有权有势的豪

绅，还是平民，谁要是犯了法，义纵都敢惩治，他治理的县，没有谁敢拖欠国家的税赋。上级考评时，他被评为全郡最好的县官。

后来，因为他政绩突出，朝廷让义纵担任了长陵令和长安令，他仍然依法办事，对犯法的贵戚治罪时毫不手软。一次，太后的外孙犯法，义纵照样治罪。

义纵因此受到汉武帝的赏识，升他当河内郡的都尉。义纵一到任，立即把为害一方的土豪劣绅满门抄斩。这下，河内郡的社会风气大大好转。就是有人把财物丢在街上，也没人敢捡起来据为己有。

义纵到南阳当太守后，南阳有一个作恶多端的地主豪绅叫宁成，他每次见到义纵都表现出很谦恭的样子。谁知，义纵对他做的坏事早有耳闻。义纵到了南阳，马上着手查清了宁成家的违法行为，果断地把宁成抓起来治罪。

一度，定襄社会很乱，汉武帝认为义纵有办法，派他去定襄当太守。义纵一到定襄，就把狱中的二百多重罪轻判的罪犯和与罪犯关系紧密的人都抓起来，然后一律处死。一天之内，被义纵处死的就有四百多人。从此，定襄的人一听到义纵的名字就不寒而栗——天气不冷也浑身发抖。

义纵的做法虽然严厉打击了犯罪行为，但也有杀人过多、处置过重的重大失误，所以，他被历史学家司马迁列入了《史记·酷吏传》。

这个故事出自《史记·酷吏传》，"不寒"指天气不冷，"栗"是战栗、打颤的意思。后人把这个

故事总结为成语"不寒而栗"，形容十分恐惧。

不学无术

汉武帝刘彻在位的时候，非常信任大将军霍光。刘彻临死时，把年幼的儿子刘弗陵托付给霍光，霍光成了托孤大臣。

霍光辅佐刘弗陵即位当了皇帝，就是汉昭帝。汉昭帝十分信任和倚重霍光。

刘弗陵的命不长，他死后，霍光又立刘询当了皇帝，就是汉宣帝。

霍光成了辅佐三朝皇帝的大臣，可谓位高权重，他掌握朝政长达四十多年，为西汉立下了很大的功劳。这不仅在汉朝，就是在中国整个历史上，也是极为少见的。

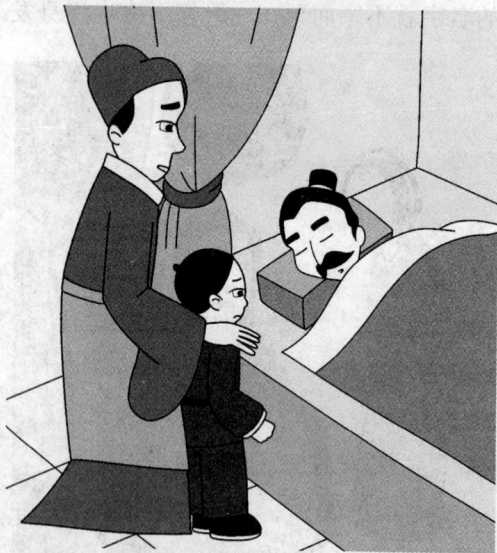

霍光的妻子是个贪图富贵而且目光短浅的女人，她想让自己的小女儿嫁给汉宣帝做皇后，买通了女医官害死了许皇后。

后来，霍光的妻子毒害许皇后的事情败露，女医官被投进了大狱。

霍光的妻子做下的这件惊天大案霍光事先一点儿也不知道，事情出来了，妻子才告诉他。

在这件事情上，霍光的表现显得十分弱智，一点法治观念都没有，他听了妻子的话以后非常恐惧，他指责妻子不该干这种伤天害理的事，连累了自己。霍光想去告发，但又不忍心妻子被治罪，他就徇私枉法，把这件事瞒了下来。

霍光死后，霍家的势力大大地被削弱了，纸里包不住火，有人向汉宣帝揭发了这件事。汉宣帝派人调查处理此案。

霍光的妻子非常恐慌，想与家人、亲信商量造反，没想到，事情败露，汉宣帝派兵将霍家包围，将霍家满门抄斩。

为此，霍光成为历史上一个有争议的人物。东汉史学家班固说他"不学无术，暗于大理"。意思是说，霍光没有学识，不明白关系大局的道理。

这个故事出自《汉书·霍光传》，后人把班固的话概括为成语"不学无术"，专门形容没有学问，毫无所长，没有本领的人。

一丘之貉

西汉时，杨恽的父亲当过丞相，母亲是史学家司马迁的女儿。杨恽自幼受到过良好的教育，从小名气就很大。

到了汉宣帝时，权臣霍光死后，他的家人谋反，杨恽没有因为霍光是自己父亲的朋友而徇私情，是他第一个向汉宣帝告的密。杨恽立了大功，被封为平通侯，任中郎将，位列九卿，是权力很大的官。杨恽为人仗义疏财，他把父辈给他留下的大部分巨额财产都用于帮助宗族和朋友。所以，他在社会上名气极大。为官时也能大公无私，奉公守法，不徇私情。

当时，郎官中贿赂之风盛行，杨恽为官清廉，把贿赂之风都给清除掉了，他受到人们的称赞。杨恽也因此骄傲起来，眼里揉不得沙子，官场上的人也容不下他。

一次，匈奴投降的人说他们的统治者单于被人杀了，杨恽对这件事评价说："遇到这种不好的君王，大臣制定的治国策略也不用，白白地丢掉了性命，就像我国秦朝的皇帝一样，专门信任小人，残害忠臣，结果弄得亡国了……可见，从古到今的君王都是信任小人的。这真像一座山丘出产的貉一样，简直是毫无差别呀！"

太仆戴长乐与杨恽不和，他将杨恽说的那些话向皇上检举，皇上认为杨恽是在讽刺自己。不久，杨恽先被免了职，后被关进大狱。

杨恽被贬为百姓出狱以后，他的好友孙会宗见他还常常大宴宾客，交往的人很多，孙会宗就写信给他，劝他应该闭门思过，做人低调一点儿。杨恽见了信，仍然我行我素，他给孙会宗写了回信《报孙会宗书》，这封书信写得大有他的外祖父司马迁的《报任安书》的风格。后来发生了日食，有人上书说，这是因为杨恽骄奢不悔过所致。致使杨恽再次被捕入狱，士兵在他家中搜出《报孙会宗书》，汉宣帝看了以后大怒，判以大逆不道罪，把杨恽杀了，孙会宗也因此被罢官。

杨恽之所以丢官丧命，是皇族、外戚对士大夫阶层的打击，从此，西汉王朝走向了衰弱。

这段故事记载在《汉书》中，后人把杨恽的话总结为成语"一丘

之貉"，"一丘"指同一座山丘、土堆，"貉"是一种比狐小的动物。这句成语是说像同一座山丘里生长的貉一样，没有什么差别。它含有贬意，常用来比喻一群坏人没有什么差别。

不合时宜

西汉的汉哀帝刘欣是汉成帝的养子，刘欣的身体很不好，他当了皇帝后经常生病。

即位第二年，刘欣的母亲丁太后去世了。黄门待诏夏贺良伙同一些人向刘欣进谏说："我大汉朝的历法已经落后了，我朝应该重新接受天命。先帝没顺应天命，所以没有生养儿子。您的龙体生病时间已经很久了，天下又多次发生灾难，这是上天对我朝的警告。只有改变年号才能使陛下益寿，早生龙子，平息祸端。"

夏贺良的这番话原本就是胡说八道，但是，刘欣也想使身体康复，尤其想早生儿子。六月份，他以皇上的名义向天下发布诏书，宣布大赦罪犯，改年号，并决定修定历法。

没想到，刘欣做了这一切后，他还是照样生病。

黄门待诏夏贺良自以为提建议有功，认为皇上什么事情都听他的，居然想干预朝政。他没想

到自己只是个太监头儿，太监是不允许干预朝政的。

夏贺良的所作所为遭到大臣的反对。皇上刘欣经过调查，发现夏贺良一伙不过是愚弄他的骗子。于是，刘欣重新发布诏书说："夏贺良等人建议改变年号、修改历法，说能够使国家安定，是无稽之谈。夏贺良的建议违背古制，不合时宜，朕误听信了他们的话。六月份的诏书中，除了大赦罪犯一项外，一律予以废除。"

就这样，实施不到两个月的新法就废除了，黄门待诏夏贺良也被处以死刑。

这个故事来源于《汉书》，后人把这个故事中的一句话"不合时宜"总结为成语。"时宜"指当时的需要，这个成语的意思是采取的举措不符合时势的需要，与实际情况不符。

非驴非马

汉朝时，西域的龟（qiū）兹（cí）国有一个国王，是一个古代的"汉文化痴迷者"，他在汉宣帝的时候，曾经多次访问汉朝，他对汉文化非常喜爱，喜爱到崇拜的地步。

这位国王回到龟兹国后，大力推广汉朝的文化，但是，龟兹国的传统习俗与汉朝的文化大相径庭，相去甚远，他所推广的所谓汉文化与真正的汉文化有很大的差异。

龟兹人畜牧业很发达，当地的人谁都知道，驴和马杂交生出来的既不是驴，也不是马，而是骡子。

龟兹国的人们认为这位国王搞的那套"汉文化"好像是驴和马杂交生出来的骡子——"驴非驴，马非马"，不伦不类。

这位好心的国王在推广汉文化的过程中闹出的笑话渐渐地传到了中原一带，被《汉书》的作者收录后，记录下来。

　　这个故事出自《汉书》，后人把"驴非驴，马非马"概括为成语"非驴非马"，意思为不是驴也不是马，比喻不伦不类，什么也不是。

举案齐眉

　　梁鸿是汉朝人，字伯鸾，扶风平陵人。由于梁鸿品德高尚，许多人家想把女儿嫁给他，梁鸿都谢绝了他们的好意。

　　一户姓孟的人家有一个女儿，长得又黑又丑，而且力气挺大，能把石臼轻易举起来。她已三十岁了，每次家里人为她选择婆家，她就是不嫁。父母问她为何不嫁，她说："我要嫁像梁伯鸾一样贤德的人。"梁鸿听说后，就下聘礼向她求婚。

　　孟家高兴地准备了嫁妆。过门那天，孟女打扮得漂漂亮亮的。哪儿想到婚后一连七天，梁鸿一言不发。孟家女来到梁鸿面前跪下，说："我早就听说夫君的好名声，立誓非您不嫁。夫君拒绝了许多家的提亲，

最后选我为妻。我发现婚后您总是默默无语，不知我犯了什么过失。"

梁鸿说："我希望自己的妻子是位能穿麻衣，能与我一起隐居到深山老林中的人。你却穿着名贵的丝织品做的衣服，涂脂抹粉，这哪儿是我理想中的妻子啊？"

孟女对梁鸿说："我这些天的穿着打扮，是想验证一下，夫君您是不是我理想中的贤士。其实，我早就准备好了劳作的服装。"说完，孟女便将头发卷成髻，穿上粗布衣，架起织机，动手织布。

梁鸿大喜，连忙对妻子说："这才是梁鸿的妻子！"

他为妻子取名为孟光，字德曜，意思是她的品德像光芒般闪耀。

后来，他们一同到了霸陵（今西安市东北）山中，过起了隐居生活。在山中，他们一边耕织，一边咏诗读书、弹琴娱乐。

梁鸿不愿意做官，为避征召他入京的官吏，夫妻二人搬到了吴地（今江苏境内）。梁鸿一家住在一个大户人家的廊下小屋中，靠给人舂米过活。每次梁鸿回家时，孟光备好食物，托着放有饭菜盘子的案子，恭恭敬敬地送到丈夫面前。为了表示对丈夫的尊敬，妻子不仰视丈夫的脸，总把案子托得跟眉毛一样齐平。丈夫也总是彬彬有礼地用双手接过案子。后人把他们的故事概括为成语"举案齐眉"，用来形容夫妻相互尊敬，很有礼貌，很平等，是赞美夫妻美满婚姻的专用词。

不入虎穴，焉得虎子

　　班超是东汉时期一位了不起的外交家。早年，班超跟随窦固跟匈奴打仗，立有战功，后来，皇帝派他出使西域。

　　在西汉的时候，外交家张骞曾经出使过西域，与西域各国建立了良好的关系。后来，由于战乱，汉朝与西域各国中断了联系。

　　这次，皇上派班超再次出使西域，班超深感身上责任的重大。出发前，皇帝问班超需要带多少人，班超认为，他是去搞友好外交，不是去打仗，带兵马多了，反而容易引起对方的误会。所以，班超只带了三十六个人。

　　班超一行人首先来到鄯善国，开始，鄯善国国王对班超他们十分敬重，过了一段时间，鄯善国国王忽然变得怠慢起来。

　　班超对手下的三十六人说："鄯善国最近对我们很冷淡，一定是匈奴也派人来活动了，他不知站在哪边。"

　　经过打听，果然是匈奴派人来了。原来，班超从汉朝来时，要经过匈奴的地盘，匈奴人显然知道汉使来到了鄯善国。

　　班超又召集手下人说："我们处境很危险，匈奴的使者才来几天，鄯善国国王就对我们冷淡了，再过一些时候，他可能会把我们绑起来送给匈奴人。大家说怎么办？"大家表示愿听他的主张。

　　班超又说："不入虎穴，焉

得虎子。现在唯一的办法，就是迅速把匈奴来使杀了。这样，鄯善国王才会真心对我们友好，依附汉朝。"

夜里，班超率领他的三十六个伙伴带着兵器，冲入匈奴人的住所，奋力死战，以少胜多，消灭了匈奴的使者和他的手下，使鄯善国国王又站在了班超他们一边。

这个故事出自《后汉书·班超传》，后人把这个故事概括为成语"不入虎穴，焉得虎子"，比喻不冒危险，就不能成大事。今天也用来比喻不经历最艰苦的实践，就不能取得真知。

饮鸩止渴

东汉时期，有人在大将军梁商面前诬告霍谞的舅舅宋光，说宋光私自删改朝廷的诏书，宋光因此事被逮捕进了监狱。这事如果是真的，宋光可是犯了滔天大罪，那是要杀头的呀！因此，有的大臣明明知道宋光可能是蒙冤的，也没人敢替宋光说话。

宋光的外甥霍谞认为舅舅是冤枉的。霍谞是东汉时期经过各级考试进入州、县的学生。这时霍谞只有十五岁，是一个有胆有识的少年，他决心为舅舅宋光鸣屈喊冤。

霍谞挥笔写了一封文书，上书给位高权重的大将军梁商，为舅舅宋光辩白说："宋光做到了州和郡一级的地方长官这样的官职，他明白朝廷的法度，一向奉公守法，从政期间，没有纤毛、芥菜子大小的罪过，他即使对皇上的诏书有所怀疑，也不敢冒着死罪擅自修改诏书。擅自修改诏书这样的行为，就像人在饥饿的时候，用吃毒草的办法来充饥，又像人在干渴的时候，用饮鸩酒的办法来解渴一样。鸩酒只要一沾人

的嘴唇，还没等咽到肚腹中，就已经宣告丧失掉性命了。宋光是非常清楚这一点的，他怎么能擅自修改诏书呢？"

大将军梁商的女儿是当朝皇后。梁商是凭着外戚的身份当上高官的，但是他做人非常低调。开始，皇上封梁商为大将军的时候，他坚决不接受，称病不上朝。后来，皇上派人到家里来授官，梁商才勉强接受。

霍谞为什么敢于写文书给梁商，也是听说梁商虽然身居大将军，但不是一个草率的人。梁商看了霍谞递上来的文书后，觉得霍谞写得十分有理，于是，他把霍谞的文书呈送给皇上。

皇上经过认真分析、思考，认为宋光确实是被冤枉的，应该被判无罪释放。

没过多少日子，宋光被朝廷宣布无罪释放了。

这个故事出自《南史》，后人把这个故事中的一句话概括为"饮鸩止渴"，"鸩"是一种毒性很大的鸟，这里指用鸩鸟的羽毛浸制过的酒。成语原来的意思是指用鸩鸟的羽毛浸制毒酒来解渴。后来成语引申的意思是只求解救目前的困境，而不顾及将来引发的后患；或者只看眼前的利益，而不顾严重的后果。

独步天下

东汉时有一位隐士叫戴良，他自认为才学出众，和他谈论过的人

都说不过他。因此，戴良的性格十分狂放。

一次，有位朋友问戴良："你看看天下的人谁能和你相比？"

戴良说："我好比生长在东鲁的孔子，也像是出生在西羌的大禹，独步天下，谁能够与我相比呢？"

官府知道了他的名声，推举他当孝廉。在汉朝，只有当上孝廉才能做官，他不接受。

后来，戴良又被司空府召见任命，一年过去了，他还是没有去。

地方上的官员派人强迫戴良去司空府，戴良用话把官府派来的人搪塞过去。

戴良带上妻子、女儿，逃到江夏的大山里。

戴良有五个女儿，都很有才，女儿出嫁时，他用粗布为女儿做嫁衣和被子，用竹子为女儿做家具。这在当时是要顶着极大的世俗的压力的。

由于没有官场上的互相倾轧，戴良生活得十分安逸，最后长寿而死。

戴良的事迹出自《后汉书·戴良传》，后人把他说自己的话"独步天下"提出来，作为成语。这句成语专门形容才能出众、脱俗超群的人。

专横跋扈

　　东汉的大将军梁商虽然很谨慎，但是他的儿子梁冀却是一位从小放荡不羁的人。梁商死后，梁冀仗着他当皇后的妹妹的权势，被汉顺帝任命为大将军。不久顺帝也死了，梁冀立小婴儿刘炳为皇帝，就是汉冲帝。一年后，冲帝也死了，许多正直的大臣建议立刘蒜为皇帝，梁冀偏偏立年仅八岁的刘缵为皇帝，就是汉质帝。

　　刘缵这位小皇帝年纪不大，但是很聪明。他见梁冀非常专横，就对他很有看法。一次，他接见朝臣的时候，质帝看着梁冀，毫不客气地说："这是位跋扈将军。"跋扈是霸道、不讲道理的意思。梁冀听了质帝的话，恨透了这位聪明过人的小皇帝。

　　梁冀命人把毒酒放进质帝吃的饼里，质帝吃后，当天就死去了。

　　在立新皇帝的时候，正直的大臣们又建议立刘蒜为皇帝，梁冀不顾大臣们的反对，立刘志为皇帝，就是汉桓帝。霸道的梁冀把两位力主立刘蒜为帝的大臣给害死了。

　　刘志封梁冀的另一个妹妹为皇后，这样一来，皇后和皇太后都是梁冀的妹妹。这下，梁冀更加胡作非为了。梁冀为了霸占一个财主的财产，向这位财主借钱，只是因为人家没有借给他那么多，他就把人家哥俩全抓起来，让

这哥俩都惨死在狱中，然后没收了人家的财产。他用霸占来的财产造了一座豪华的园林。

有个叫吴树的官员出任宛县令，梁冀让他照顾自己信任的一些小人，吴树不干，梁冀恨透了吴树。吴树改任荆州刺史的时候，来向梁冀辞行，梁冀假借为吴树送行，在酒中下毒，毒死了这位正直的官员。

梁冀的两个妹妹死后，梁贵人受宠。梁冀派人刺杀梁贵人的母亲。事情败露，梁贵人的母亲进宫向汉桓帝哭诉。汉桓帝大怒，派出一千多武士包围了梁府。梁冀和他的老婆知道自己罪孽深重，当天自杀身亡。专横跋扈的梁冀落了一个可悲的下场。

后人根据小皇帝汉质帝的话，概括出来一条成语"专横跋扈"，这条成语专门形容那些掌握大权，专权、横行霸道的人。

半面之交

东汉人应奉在他 20 岁时去拜访彭城相袁贺，袁贺因事外出，家门紧闭。

应奉上前叫门，门被打开了，一位造车师傅只露出半个脸，瞥了应奉一眼说，主人不在家，然后就把门关上了。应奉没有见到袁贺，十分怅然地离开了袁家。

几十年后，应奉当了官，做武陵郡太守。一天，应奉外出时，他在路上遇见了袁贺家的那位车

匠。应奉认出了他，便上前和车匠打招呼。

造车师傅很惊讶，也很感动，他想不到当年他只露出半个脸，太守应奉可是不小的官呀，居然认出了自己。要是换了个势利眼的人，就是认出来，也会装做不认识呀。

这个故事出自《后汉书·应奉传》，后来，就有了"一面之交"和"半面之交"的成语。这两个成语都是形容两人之间的交情很浅。

百折不挠

桥玄，字公祖，他是东汉睢阳（今河南商丘）人。桥玄是一个刚直不阿、嫉恶如仇的人。

桥玄年轻时当过小官，但他并不因为官职小而不坚持原则。他在打击贪官、恶势力的时候，一点儿情面都不讲。这一点，极受曹操的赏识。

一次，桥玄奉命捉拿豫州陈国相羊昌的手下人，查办羊昌的罪恶。大将军梁冀是羊昌在朝中的靠山，梁冀派人骑快马给桥玄送信，要他网开一面，放羊昌一马。

桥玄的顶头上司周景也收到了皇上的圣旨和大将军梁冀的信，周景暗示桥玄，办差不必过于认真。

桥玄顶住压力，抓紧时间办案，让羊昌的后台没有更多的时间活动，使羊昌受到了法律的严惩。

桥玄在京城当官时，一天，三个强盗在府门外劫持了他的小儿子，向桥玄索要财物。桥玄立即报案，一个校尉带兵包围了强盗。校尉怕伤着孩子，不敢进攻。

桥玄大声喊道："强盗无法无天，难道为了我的孩子就纵容这些坏蛋吗？"

校尉带兵进攻，杀死了强盗，桥玄的小儿子在抓捕中不幸身亡。

桥玄当上尚书令后，发现太中大夫盖升收受贿赂，他请求皇帝罢免盖升。皇帝不但没撤盖升，反而让他升了官。桥玄愤而辞职，以表示自己的不满。皇上竟然同意他辞职，桥玄回到家乡，成了平头百姓，但是，桥玄在民众中留下了好口碑。

桥玄为官最高当到太尉，是三公之一，他当官是个好官，清廉正直，逝世时没留下什么遗产。大文豪蔡邕在为他写的碑文中说：桥玄"性情严肃，嫉恨奢华，崇尚俭朴，有百折不挠的精神，在原则问题上绝不让步。"

后人把这个故事概括为成语"百折不挠"。"折"：挫折；"挠"：弯曲，比喻屈服。整句成语的意思是无论遭受多少挫折也不屈服。

小时了了，大未必佳

东汉末年，出了一个很有学问的人，名叫孔融，他是大圣人孔子的二十世孙。孔融从小特别聪明，能说会道，小小的年纪，在社会上

名气很大。

孔融十岁时跟父亲到京城洛阳，当时在洛阳的河南太守李元礼是一位才子，跟李元礼来往的都是名人。

一天，小孔融独自来到李太守家访问，他对守门人说："我是李太守的世交的孩子，请通报一下。"

守门人一听是太守世交的孩子，不敢不通报。守门人来到里面，向李太守通报说，有一位亲戚的小孩子求见。

李元礼连忙让守门人把小孔融请进来。李元礼见了孔融，奇怪地问道："请问公子，我并不认识你，你和我有什么世交关系呀？"

小孔融说："我叫孔融，是孔子的第二十世孙，我的祖先孔子和你家祖先老子李耳有师生关系（孔子曾经向老子请教过关于礼节的问题），因此，我和太守是世交呀！"

当时，李太守的府上有很多宾客在场，大家对小孔融的话都感到很惊奇，纷纷称赞孔融聪明。

中大夫陈韪不以为然地说："小时了了，大未必佳。"这话的意思是说，小时候聪明伶俐的孩子，长大了未必能成贤才。

小孔融听了，心里这个气呀，他想：这位陈大人的话不是讽刺我吗？他立即回答陈韪说："我想陈大夫小时候一定是很聪明伶俐的。"孔融的话言外之意是说，现在，你长大了也不怎么样。

大家听了孔融的话，都哈哈大笑，小孔融的话一下子把陈韪给噎住了。

这句成语来源于《世说新语》，后人把"小时了了"引为成语，"了了"古代读"línglì"，现在许多人误读为"liǎo，liǎo"，因为后一句是"大未必佳"，所以，这个成语是不能乱用的，不然，被评价的人会认为是讽刺他。

桃园结义

东汉末年，发生了张角领导的黄巾军起义，天下大乱。

汉室宗亲刘备家里很穷，他流落在涿郡（今河北涿州市），只能靠织草席卖草鞋为生，但是，刘备很有志气。

一天，刘备外出卖草席，他见官府贴出布告说，黄巾军进犯，官府招募义兵，他不禁发出一声长叹。

不料，刘备的叹息声惹恼了站在他身后的好汉张飞："大丈夫不为国家效力，叹息什么？"

刘备连忙向张飞作自我介绍，说他正为不能报效国家而忧愁。

张飞邀请刘备到酒店喝酒。二人边喝边谈。

这时，门口进来一位红脸大汉，他让店家给他备酒，说喝完了酒要进城当兵。

刘备连忙打听红脸大汉的姓名，原来，此人叫关羽。

刘备邀请关羽过来一起喝酒。三个人聊得非常开心。

张飞说："我以杀猪为业，很有些田产，不如到我庄上，咱们三人结为异姓兄弟。"

刘备、关羽欣然来到张飞的庄上，庄上有一个美丽的桃园，此时，正是桃花盛开的季节。张飞让庄客在桃园里准备下酒席，三位好汉摆上香案，祭拜了神灵，结为异姓兄弟。刘备最大，为大哥，关羽为二弟，张飞为三弟。

后来，张飞变卖了所有的家产，买了马匹，打造了兵器，兄弟三人来到官府报名参军。

从此，刘、关、张三兄弟南征北战几十年，最终建立了蜀汉政权，刘备当上了皇帝，关羽和张飞都当上了蜀汉的上将。

历史上并没有明确记载刘备、关羽和张飞结拜为异姓兄弟这件事，这个故事引自《三国演义》，后人把这个故事概括为成语"桃园结义"，专门用于好朋友之间结拜为异姓兄弟的行为。由于《三国演义》这部书的影响太大了，书中描写的他们结拜的事迹在中国古代影响巨大。

危在旦夕

东汉末年，天下大乱，发生了以张角为首的黄巾军起义。各地的官员打着剿灭黄巾军的旗号，纷纷起兵，发展自己的势力。

孔融，字文举，他是孔子的后代，是东汉名士，也是有名的文学家。在黄巾起义军的势力最盛的时候，孔融正好在青州当北海相，当时的人称孔融为"孔北海"。

这时，张角手下的大将管亥率兵包围了孔融屯兵的都昌这个地方，

孔融手下兵微将少，无法抗拒敌军。

东吴的名将太史慈正好回家探亲，太史慈感谢孔融平时常常照顾自己的母亲，帮助孔融抵御黄巾军。

太史慈一个人也不能退兵呀，孔融便派太史慈到平原县向刘备求援。

太史慈见到刘备后说："现在，黄巾军管亥暴乱，孔北海（孔融）被围，孤立无援，危在旦夕。请刘将军发兵救援孔北海。"

刘备立即派出精兵三千人，救援孔融。黄巾军见到援军到来，只好撤兵，孔融因而得救。

这个故事出自《三国志·吴志·太史慈传》，"旦夕"是指早晨和晚上，"危在旦夕"的意思是说，危险就在眼前。

先礼后兵

东汉末年，天下大乱，群雄并起。曹操的势力发展得很快。曹操想让老爹享享福，派人把老父亲接到京城来。

曹操的父亲从家里出来的时候，用几十辆车子带着许多财物。路过徐州的时候，徐州地方长官陶谦为了讨好曹操，派手下将领张闾护送曹操的父亲。

没想到，张闾贪财，将曹操的父亲杀死，把财物都抢走了。

曹操认为张阆行凶是陶谦指使的，于是，他亲自率大军来攻打徐州。

曹操手下兵多将广，陶谦的部队哪里打得过呀？陶谦连忙向孔融和刘备求救。

孔融和刘备分别率领部队来到徐州，陶谦把刘备等人迎入城中，商议破敌之策。刘备对陶谦说："我先写封信给曹操，劝他讲和，曹操不听，再厮杀不迟。"

刘备给曹操写了封信。他在信中说，您的父亲遇害是张阆的罪过，跟陶谦没关系。刘备在信中还跟曹操讲了讲过去的交往。

这时，刘备的势力不如曹操强大，曹操根本看不起刘备，他说："刘备是什么东西！竟然敢来劝我？"

曹操的谋士郭嘉说："刘备先礼而后兵，主公应该用好话回答刘备，让他们放松警惕，然后攻城，城自然能攻破。"

曹操听从了郭嘉的计谋，热情招待了使者。

这时，曹操派出去的探马来报告，枭雄吕布率兵攻破了曹操的大后方兖州，濮阳也十分危急。郭嘉对曹操说："兖州是我军的根据地，不能丢失，主公不如给刘备一个人情，从徐州撤兵，然后去收复兖州。"

曹操回信给刘备，同意从徐州撤兵。这一下，刘备的威望空前提高，在陶谦、孔融眼里，连曹操都得给刘备面子，陶谦非要把徐州让给刘备。

这个故事出自《三国演义》第十一回，"先礼后兵"被后人总结为成语。礼：礼貌；兵：指武力。成语的意思是说，先按通常的礼节同对方交涉，如果行不通，再用武力解决。

兵贵神速

东汉末年，曹操在"官渡之战"中遇到了不可一世的对手袁绍。经过一番鏖战，战争进入了相持阶段。

由于袁绍手下谋士许攸反水，投降了曹操。许攸献计夜袭袁绍的粮仓乌巢，烧光了全部粮食，使袁绍部队军心不稳，曹操终于打败了强大的袁绍。

袁绍死后，袁家在河北一带还有相当的势力，但袁绍的三个儿子袁谭、袁熙、袁尚和女婿高干不团结，曹操抓住机会，继续剿灭袁绍的余部，杀死了袁绍的大儿子袁谭。

这时袁家在河北的势力岌岌可危了，几乎没有了存身之地。袁绍另外两个儿子袁尚、袁熙投奔了辽河流域乌丸族首领蹋顿单于。曹操有心进攻袁尚和蹋顿，有些将领和谋士担心大军远征，荆州的刘表和刘备会乘机袭击自己的后方，那样的话，都城许昌就十分危险了。

曹操手下的谋士郭嘉说："主公您现在威镇天下，乌丸仗着驻地偏远，不会防备我军，您挥军突然袭击，一定能消灭他们。如果让袁尚、袁熙收拾起残部，与乌丸族的蹋顿单于联合起来，只怕刚刚占领的冀州、青州又将不是我们的了。至于荆州的刘表知道自己才能不如刘备，不会重用刘备，刘备也不会给刘表卖力气，他们不会合力袭击

许都的，主公您只管放心讨伐乌丸。"

曹操听从了郭嘉的建议，挥军到达易县。郭嘉又说："用兵贵在神速，我军到千里之外的地区作战，带的物资过多，行军速度就会缓慢，敌军就会有所准备。不如命令士兵丢下笨重的器械物资，轻装前进。乘敌人没防备的时候就发起进攻，定能大获全胜。"

曹操进军神速，大军直捣蹋顿单于的驻地，杀死了蹋顿。

这时，曹操还想继续远征辽东。郭嘉说："不用再打了，过一段儿，辽东一定会发生内乱，会有人献上袁尚和袁熙的人头。"

过了些日子，辽东太守公孙康果然派人前来，献上了袁尚和袁熙的人头。原来，郭嘉劝曹操不再继续穷追猛打，预料到已经没有立足之地的袁尚和袁熙同公孙康会起内讧。果然，二袁竟然起了歹心，要想干掉公孙康，取而代之，不料被公孙康发现。公孙康将这两个丧家之犬一举拿下，作为给曹操的见面礼。

曹操运用郭嘉的奇谋，大获全胜。然而，连年行军作战，严重地损害了郭嘉的健康，这位料事如神的大谋士竟然死在了征途上。郭嘉的去世是曹军的重大损失，曹操非常伤心。

这个故事出自《三国志》，兵贵神速：指神奇的速度。后人把这个故事总结为成语"兵贵神速"，意思是用兵神速，出其不意，攻其不备。

捉刀代笔

东汉末年，丞相曹操先后打败了袁绍、袁术、吕布、张绣、马腾，他"挟天子以令诸侯"，被汉献帝刘协封为魏王。这个时候，汉献帝名义上是汉朝皇帝，朝中大权实际上完全控制在曹操手里。

义上是汉朝皇帝，朝中大权实际上完全控制在曹操手里。

这一年，北方的匈奴想与曹操建立友好关系，派使者到汉朝来访问。

按照礼节，魏王曹操必须接见这位匈奴使者，曹操认为自己形象不佳，他选了一位叫崔琰的大帅哥代替自己冒充魏王，自己举着写字用的刀具和笔站在一边充当侍从。

匈奴的使者按照礼节拜见了"魏王"。

曹操和假魏王崔琰见过匈奴使者后，曹操派人问匈奴的使者："我们的魏王怎么样啊？"

使者说："魏王相貌堂堂，风度也不同凡响。但在魏王的床边举刀具的那个人才是真正的英雄。"

曹操手下的人立即把匈奴使者的话汇报给魏王曹操。

曹操见自己假扮侍从这件事露馅儿了，他知道这位匈奴使者也不是等闲之辈，怕使者回到匈奴后说自己的坏话，立即派人追赶并杀死了匈奴使者。

曹操让大帅哥崔琰假扮自己，做得就很不漂亮了，人家匈奴使者看出了他的真实身份，他就把人家给杀了，做得就更不怎么样了。俗话说：两国交兵，不斩来使。何况，人家匈奴的使者什么错误都没有。曹操这种做法实在不像大汉丞相所为。

这段故事来自《世说新语》，后人把这段故事总结为成语"捉刀代笔"，"捉刀"指举刀具的侍从，古代用刀把字刻在竹简上，"刀"是修改竹简上错字的小型工具，和笔的作用差不多，代指笔，而不是指兵

器中的大刀。后人把"捉刀代笔"引申为代替别人写文章的人。《世说新语》是南北朝时刘宋王室一个叫刘义庆的人组织人编写的，专门记录前朝的一些轶闻趣事，作者有贬抑曹操的倾向，其真实性要打一些折扣。

投鼠忌器

　　罗贯中写的《三国演义》第二十回里有这样一段故事，汉献帝刘协、丞相曹操、刘备和文武百官一起去打猎。曹操为了显示自己的权势，他的马匹竟然跟汉献帝齐头并进。

　　忠于汉朝的文武大臣看了，心里都很不舒服，但都怕曹操的威势，谁都不敢说什么。

　　汉献帝刘协看见一只兔子，他要看看皇叔刘备的箭法，就让刘备射，刘备一箭命中兔子。汉献帝连忙夸刘备好箭法。曹操听汉献帝夸刘备，心里很不自在，但他表面没说什么。

　　汉献帝刘协又看见一只鹿，他一连射了三箭，都没有射中，就叫曹操射。曹操竟然接过汉献帝手中拿的金鈚箭，一箭就射中了那头鹿。

　　一个士兵赶到死鹿的身边，拔出曹操射出的那根箭，士兵们见射中鹿的

箭是金铍箭，这金铍箭是皇上专用的箭，士兵们都以为是汉献帝刘协射中的，都高呼"万岁"。

曹操得意地打马走到汉献帝刘协的前面，接受士兵们的欢呼。汉献帝刘协很不痛快，忠于汉朝的大臣们也都非常厌恶曹操的做法。

刘备手下的大将关羽实在看不下去了，他认为，曹操的做法是冒犯皇上的举动，是对皇上的大不敬，他就要拍马上前用手中的大刀砍曹操。

刘备连忙用手示意关羽，不要贸然采取行动。

打猎回来以后，关羽问刘备："曹操对皇上那样无礼，大哥为什么不让我杀了曹操？"

刘备说："投鼠忌器，曹操身边还有皇上呢，伤了皇上反而不妥。再说，曹操在现场的耳目甚多，杀曹操事情太大，弄得不好，反而会伤了自己。"

"投鼠忌器"这句成语所含的意思，最早在西汉贾谊的《治安策》里出现过，这部著作有这样的话："里谚曰，'欲投鼠而忌器。'此善喻也。"意思是，"街头的谚语说，'要用东西打老鼠，而顾忌旁边的器物。'这是很好的比喻。"后人把贾谊引用里谚中的话的意思概括为成语"投鼠忌器"。用来比喻做事有顾忌，不敢放手进行。刘备非常恰当地使用了这个比喻。

不可多得

东汉末年，著名的文学家祢衡是一位嫉恶如仇的大才子，他擅长辩论，文章写得也好，他读过的文章，居然能够做到过目不忘，一个

字不落地背下来，只是祢衡这个人非常狂妄，好与人争辩。

与祢衡同样有名的大才子孔融非常欣赏祢衡，向汉献帝刘协写了推荐表，并举荐祢衡做官。孔融在推荐表中这样评价祢衡："像祢衡这样的天下奇才，实在不可多得。"

这时，朝廷的大权都掌握在权臣曹操手里，汉献帝就把孔融的推荐表给了曹操，让曹操决定是否录用祢衡，曹操也听说过祢衡是位才子，决定召见他。

祢衡根本看不起曹操，一是看不起曹操的出身，因为曹操的父亲是宦官的养子，他想，就像你这样的出身，有什么资格接见我？二是看不起曹操弄权，架空汉献帝刘协。可曹操毕竟是当朝丞相，平白无故地不去见曹操，总是说不过去的。于是祢衡自称得了狂病，不肯前往。

曹操多精呀，谁能骗得了他呀？曹操心想，我是当朝丞相，接见你祢衡，是看得起你，你还推三阻四地不来，这不是给脸不要脸吗？于是，他让手下再三再四地邀请祢衡，说是请，简直就是强迫，意思是想来得来，不想来也得来。

这下，祢衡算是明白了，权臣是得罪不起的。最后，祢衡总算是来了。可是，双方话不投机半句多，祢衡在交谈中得罪了曹操。

曹操想羞辱祢衡，让他担任敲鼓的小官，并让他在宴会上敲鼓为大家助兴。谁知，祢衡耍起了名士脾气，在宴会上利用敲鼓的机会大骂曹操和他手下文臣、武将。曹操手下众文武都想杀了祢衡。

曹操也很想杀了祢衡，这一点他又比他的手下高明得多，他怕落下杀贤才的恶名，于是，就把祢衡派到荆

州刘表那里去。

祢衡开始很受刘表重视，不久，他又得罪了刘表。刘表把他派到江夏太守黄祖那里去当书记官。最终，祢衡又得罪了黄祖，黄祖盛怒之下，把祢衡给杀了。祢衡死的时候只有二十五岁。一代才子竟然落了这么个下场。

这个故事最初见于孔融的《荐祢衡表》，表中有"若衡等辈，不可多得"这样的句子，意思是说，像祢衡这样的人，是不可多得的奇才。后人把这句话总结为成语"不可多得"，一般用来形容稀少珍贵，难以得到。

味同鸡肋

杨修是东汉末年人，任曹操的主簿。杨修祖上有四代当过太尉，他算是世家子弟。再加上杨修才华横溢，年轻时就恃才轻狂。

朝中大权完全落在曹操的手中后，杨修依然我行我素。

曹操新修了一座花园，他亲自来园视察。看后曹操不褒也不贬，拿来一支笔，在门上写了一个"活"字就走了。谁也不知曹操是什么意思。杨修对负责建园的官吏说："门内添一个'活'字，丞相是嫌门太大了。"

听杨修这样讲，官吏命令工匠把大门改小了，又请曹操来视察，曹操看了很满意。曹操问那官吏："是谁猜出了我的意思？"

那官吏说："是杨修。"

曹操夸奖说："杨修真是聪明过人呀！"他心里却非常嫉妒杨修的智慧。

北国送来一盒酥，曹操在盒上写了"一合酥"三个字。杨修见了，

竟让大家分了吃掉了。曹操知道后问杨修，为什么让大家吃掉，杨修说："盒上明明写着一人一口酥，我们怎么敢违背丞相的命令呀？"原来，"一合酥"三个字竖着写，拆开来就是"一人一口酥"，曹操连连点头，心里却说：就你聪明！

曹操怕人谋害他，常对身边的人说："我梦中好杀人，我睡觉时，你们别到我身边来。"

一天，曹操在帐中睡觉，被子掉在地上，一个侍从看见了，去给曹操盖被。曹操从床上跳起来把这人杀了，然后，又上床睡觉。过了半晌，曹操才起来了，他问侍从们："是谁杀了他？"众人把刚才发生的事情告诉他。曹操听了大哭。

只有杨修知道曹操的用意，曹操怕在他睡觉时，侍从们趁机害了他，他要让侍从们相信，他梦中确实会杀人，让他们在他睡觉时不敢接近他。

下葬时，杨修指着死者说："不是丞相在梦中，而是你在梦中啊！"

曹操听了，心里更加讨厌杨修，他决心找个机会杀掉他。

这年，曹操和刘备在汉中对峙。不料，连着下了好多天大雨，曹军的粮草快没了，曹操十分烦躁。将军夏侯惇来问曹操，晚上军中的口令是什么。正在吃饭的曹操望着碗里的鸡肋发呆，他随口答道："鸡肋！鸡肋！"

这个口令传到主簿杨修那里，他竟然耍起小聪明，让将士们收拾行装，准备撤兵。将士们问他为什么。杨修说："鸡

肋，鸡肋，弃之可惜，食之无味。丞相在战场上无法取胜，怕人笑话他。明天必定撤兵。"听了杨修的话，大家都信了，于是，纷纷收拾行装。

曹操巡营的时候，发现将士们都在收拾行装，他问大家为什么这样做。将士们把杨修的话告诉了曹操。曹操正心烦意乱，一听这话大怒，回到帐中大声申斥杨修："你怎么敢扰乱我军的军心？刀斧手！推出去，把他砍了！"

才子杨修就这样死在屠刀之下，怪谁呢？只能怪他恃才轻狂。有才自然是好事，但如果倚仗有才，狂放不羁，给自己招来灾祸，那还不如笨点儿好。

这个故事出自《三国志》，后人把这个故事总结为成语"味同鸡肋"，意思是说吃掉它没什么味道，丢掉又未免可惜。比喻做某件事情利益略大于损失，争取成功意思不大，放弃又有点可惜。

竭尽全力

东汉末年，有一个叫杨沛的人，他当过新郑的官员，杨沛为官，执法极严，贪赃枉法的人都怕他，因此，杨沛的口碑极佳。

一年，曹操率领的大军路过新郑，部队的军粮不足，杨沛帮助曹操筹措过军粮。因此，曹操对这位名不见经传的地方官员最初的印象很好。

曹操当了丞相，开始辅政后，想起了杨沛，曹操欣赏杨沛办事认真，从不懈怠，也不徇私情，不管谁犯了法，他都依法惩办，曹操升任他为长社令，杨沛把长社治理得很好，曹操更加器重杨沛了。

曹操受封当了魏王，封地在邺城，邺城的治安特别混乱，曹操经

常东征西讨，常常出外作战，自己的封地不稳固怎么行呢？他想找一个具有杨沛那样的魄力和胆识的人来治理邺城。找来找去，也没找到比杨沛更合适的人。于是，曹操索性把杨沛提拔为邺城令。

杨沛上任前，曹操问他如何治理邺城。

杨沛说："明公放心，我一定竭尽全力，宏扬国法，让每个人都遵纪守法。"

曹操非常高兴，对身边的人说："你们听见没有？这才是我要找的人。"

杨沛还没有上任，邺城的一些贵族豪强便纷纷告诫自己的子弟，杨沛要到邺城为官了，你们要小心一点，不要触犯法律，要是犯了法，被他逮着，谁也休想逃脱罪名。这样一来，一些纨绔子弟就收敛了许多。

这个故事来自《三国志》，后人把杨沛的话总结为成语"竭尽全力"，意思是说用尽全部力量办事。

方寸大乱

徐庶，字元直，东汉末年人，多谋善断。

当时，刘备在新野屯兵，徐庶在刘备手下当谋士，他辅佐刘备打

败过曹操的大军。

曹操很想招降徐庶，问众谋士有什么计策。

谋士程昱说："徐庶是个孝子，只要把徐母请来，然后，让她给徐庶写信，说自己有病，徐庶接到信，必来许昌，不怕徐庶不为您干事。"

曹操命令手下把徐母请到许昌，实际上是把徐母软禁了。曹操让徐母给儿子写信，徐母不肯。

程昱后来骗到了徐母的笔迹，仿照徐母的笔迹给徐庶写了一封信。

徐庶看到信后，知道母亲落到曹操手里，他只得去向刘备告别。徐庶指着自己的胸口说："本来我想帮助将军建立大业，无奈老母被扣，我方寸乱矣！"

听徐庶这样讲，刘备只好放徐庶离开。徐庶赶往许昌去见老母亲。徐母见儿子徐庶上了曹操和程昱的当，悲愤地自杀了。

徐庶后来虽然落到曹操手里，明着是曹操的谋士，却从来不给曹操出主意。

这个故事在《三国志》和小说《三国演义》里都有记载，后人把徐庶的话概括为成语"方寸大乱"。"方寸"是指心脏、心绪，"大乱"是指没有准主意了。

天各一方

东汉末年，刘备被曹操击败，只好逃到荆州，他在徐庶的帮助下打败了来犯的曹操的部队，并乘机夺取了樊城。

不料，曹操运用谋士程昱的计谋，骗取了徐庶母亲的笔迹，伪造徐母的书信，托人带给徐庶，要他来许昌相会。

徐庶是位孝子，心中大乱，来向刘备辞行。刘备舍不得徐庶到曹操那里去，可又没有办法挽留徐庶。

刘备手下有人私下里劝刘备不要放徐庶走，免得他将来为曹操服务。

刘备说："把他强留下来，不让他们母子见面，这是不仁义的行为，我做不出来。"

刘备为徐庶送行时说："先生此去，咱们天各一方，不知何时才能再相会！"

徐庶也很难过，他在临行前，向刘备推荐了隐居在隆中的诸葛亮，这才放心地前往许昌。

这个故事出自《三国演义》，后人把这个故事概括为成语"天各一方"，指分开的双方各在天底下一个地方。形容相隔很远，见面非常困难。

髀肉复生

东汉末年，屡战屡败的刘备在北方站不住脚，前往荆州投奔刘表，刘表嫉妒刘备的才能，不肯重用刘备，只让刘备在新野屯兵。

荆州的贤人都前往新野投奔刘备，刘表心里总提防着刘备，可表面对刘备还挺好，两人总是以"兄弟"相称。

一天，刘表请刘备吃饭，中间刘备上厕所，发现大腿上的髀肉都长出来了，这是脂肪堆积的结果，这时，刘备还没建功立业，心中感慨万分，不免悲伤流泪。

回到宴席上，刘表问他为什么难过。

刘备说："过去，我总在行军打仗，身不离马鞍，腿上的髀肉都消失了，现在不怎么骑马，髀肉又长起来了，人都快老了，功业还没有建立，所以悲伤。"

这个故事出自《三国志·先主传》，后人根据刘备的话总结出成语"髀肉复生"，常用来比喻久处在安逸的环境中，心宽体胖，快老了还没什么作为。

三顾茅庐

东汉末年，刘备重用谋士徐庶，数次打败了曹军。曹操认为徐庶是个人才，就想逼迫徐庶脱离刘备，曹操派人软禁了徐庶的母亲，让手下人冒充徐母写信给徐庶，说自己有病，让徐庶到许昌来看望自己。

徐庶是个孝子，接到信后，十分悲痛，不得不离开刘备。徐庶临行前向刘备介绍说：隆中卧龙冈的诸葛亮是天下奇才，如能请到诸葛亮，不愁不能成大事。

徐庶走后，刘备与关羽带着礼物前往隆中卧龙冈拜访诸葛亮。不巧，诸葛亮外出了，刘备失望而归。

不久，刘备听说诸葛亮回到了隆中，他又和关羽、张飞冒着风雪前去拜访。不料，诸葛亮又外出云游去了。

刘备恭恭敬敬地给诸葛亮写了一封信，表达了诚恳邀请诸葛亮出山的愿望。

过了些日子，刘备又听说诸葛亮回来了，他又要去请诸葛亮。

关羽说，这位诸葛亮可能徒有虚名，所以不敢相见。

脾气暴躁的张飞说，他一个人去隆中请诸葛亮，如果诸葛亮不来，就用根绳子把诸葛亮捆来。

刘备把张飞责骂了一顿，说："三弟不得无礼，你要是不愿意去，我跟你二哥前去。"

张飞不情愿地说："两位哥哥都去，俺老张怎能不去？"

兄弟三人再次来到隆中，正赶上诸葛亮在茅草屋里午睡。刘备恭敬地在门口站着，一直等诸葛亮醒来，才上前拜见。两人坐在茅庐畅谈了许久，诸葛亮把天下大势分析得头头是道。诸葛亮认为，日后将三分天下，将军您可以占据荆襄和益州，然后再图天下。诸葛亮这番分析，就是历史上有名的《隆中对》。

刘备诚恳地邀请诸葛亮辅佐他，诸葛亮终于同意出山。诸葛亮跟着刘备来到新野，辅佐刘备南征北战，东挡西杀，打出了一片天地，建立了蜀汉政权。

这段故事出自《三国演义》，"三顾"是三次亲自到的意思，"茅庐"指诸葛亮住的茅草屋。后人把这段故事总结为"三顾茅庐"的成语，比喻一个人多次亲自前往一个地方，诚恳地邀请他所仰慕的人。比喻态度诚恳。

初出茅庐

东汉末年，刘备屯兵新野县，三顾茅庐才请到了天下奇才诸葛亮。他认为自己是如鱼得水，立即拜诸葛亮为军师。而刘备手下大将关羽和张飞对诸葛亮却颇为不服。

恰好这时，曹操派手下大将夏侯惇率领十万大军来进攻新野，而此时刘备手下只有几千人马。

刘备连忙来找诸葛亮，问诸葛亮如何抵御敌军。

诸葛亮说："夏侯惇的十万大军并不可怕，我只怕众将不听号令。愿借主公的印、剑一用。"有了印、剑，诸葛亮就可以代表刘备调兵遣将。

刘备连忙将印、剑交给诸葛亮。诸葛亮立即击鼓升帐，召集众将。诸葛亮命令关羽率一千人马埋伏在豫山，放过敌军先头部队，看到起火，立即出击。又命令张飞埋伏在山谷里，等待起火后，杀向博望坡。他又派关平、刘封在博望坡后面等候，等敌军一到，立即放火。他派勇将赵云当先锋去挑战，只许败，不许胜。然后，他又请刘备率领一千人马作为各路的后援。

关羽忍不住问诸葛亮："我们都去打仗，军师干什么？"

诸葛亮说："我在城中等各位将军凯旋。"

张飞大笑说："我们都去拼命，军师好自在！"

诸葛亮大声喝道："主公的印、剑在此，违令者斩！"

关羽、张飞没话说了，冷笑着走了……

战斗中，众将都按诸葛亮的吩咐行事，杀得曹兵鬼哭狼嚎，丢盔弃甲。诸葛亮初出茅庐，第一次用兵，神机妙算，大获全胜。

通过这一仗，关羽、张飞等大将对诸葛亮佩服得五体投地。

这段故事出自《三国演义》，后人把这段故事概括为成语"初出茅庐"，原意是指诸葛亮是刚刚从家乡草屋子走出来，没有展示过真本领的人。后来泛指刚刚走上工作岗位，有潜力的后起之秀。

断头将军

东汉末年，刘备率军进攻益州（今四川西部、重庆、云南、贵州

等部分地区）时，打了败仗，只好向守卫荆州的军师诸葛亮求援。诸葛亮命令大将张飞率领一支部队沿着长江逆流而上，自己率领另一支部队走另一条路进川支援刘备，诸葛亮与张飞相约，谁先入川，谁立头功。

张飞的部队来到江州时，受到巴郡太守严颜的顽强抵抗，张飞用计大败严颜，攻陷了巴郡，并活捉了这位老将军。严颜是一位正派、耿直的老将，宁死不降。

士兵们把严颜押到张飞面前，张飞大声呵斥严颜："我大军到此，为什么不投降，还敢抗拒？"

严颜从容不迫地说："我巴郡只有断头的将军，没有投降的将军！"

张飞大怒，吼道："把他押下去，砍头！"

严颜面不改色地说："匹夫！砍头就砍头，发什么火？"

张飞非常佩服严颜，立即把严颜释放，并待他为上宾。

严颜被张飞的真诚感动，于是，同意归顺。

张飞的大军继续逆江而上，由于一路上的各县守军都受严颜指挥，严颜帮助张飞招降了沿途的守军，所以，张飞的部队竟然早于诸葛亮率领的部队来到益州的雒县，立了头功。

这个故事引自《三国志》，后人把这个故事概括为成语"断头将军"，专门用来形容宁死不屈的战败将领。

文人相轻

班固是东汉著名史学家、文学家班彪的儿子，他九岁能诵读诗赋，十三岁时，得到当时著名学者王充的赏识，后进入最高学府洛阳太学，博览群书，研究九流百家的学说。

当时，有一个与班固齐名的大才子叫傅毅。傅毅和班固两人文才相当，不分高下，然而，班固非常轻视傅毅，班固在写给弟弟班超的信中说："傅武仲（傅毅）因为能写文章，当了兰台令史的官职，但是下笔千言，不知所止。"

三国时期的魏国皇帝曹丕评价这件事的时候说过这样的话："文人相轻，自古而然——文人互相轻视，自古以来就是如此。但凡是人，总是善于看到自己的优点，然而，文章不是只有一种文体，很少有人各种体裁都擅长的，因此，各人总是以自己所擅长的轻视别人所不擅长的，乡间的俗话说，'家中有一把破扫帚，也会看它价值千金。'这是看不清自己的毛病啊。"

曹丕说的这段话很有见地，后人把他所说的"文人相轻，自古而然"这两句话总结为成语"文人相轻"。形容读书人常犯的毛病是互相轻视，看不起对方，只看到自己的优点，看不到别人的优点。这是不少读书人致命的缺点。

百足之虫，死而不僵

三国时期，魏国有一个叫曹冏（jiǒng）的人，字元首，是三国时政论家，魏国皇帝的远房宗室，官职做到了弘农太守。曹冏写的《六代论》被收入《文选》这部书中。曹冏是一位很有政治见解的人。

魏国建立初期，忠于东汉王朝的敌对势力不甘心自己的失败，私下里还在暗中活动，试图恢复以往的权力。

曹冏看到这种情况，认为魏国需要稳定大局，巩固政权。他上书给皇上，说："古话说，'百足之虫，至死不僵'。"

曹冏说的话的意思是说，有一种长着一百只脚的虫子，死了以后，很长时间都不会僵硬，这是因为，支持它的脚很多啊！

曹冏用百足之虫比喻东汉政权的残余势力，旧政权虽然已经垮台，就如同死去的百足虫一样，还有很多支持它的势力。曹冏的话更深层的意思是劝皇上，要大力培植自己的势力，重用亲信，招揽贤明能干的人才，只有这样，才能巩固新的国家政权。

这个故事来自《六代论》，后人把曹冏的话提取出来，概括为成语"百足之虫，死而不僵"，比喻旧势力的人或集团虽然已失败，但其余威和影响依然存在，这个成语含有贬义。

管宁割席

东汉末年，出了一位高雅的名士，他的名字叫管宁，据说，管宁是春秋时代齐国名相管仲的后代。

管宁从小爱学习，不羡慕名利。他和华歆、邴原都是当时的名士，三个人一起游学。

年轻的时候，管宁和华歆在一起干农活、读书。一天，管宁和华歆在菜园中锄草，锄着锄着，管宁从地里翻出一块金子，管宁看着那块金子，与瓦片、石头没有什么区别，毫不动心，依然专心地锄地。

华歆经不住诱惑，把那金块儿拿起来看了看，觉得金块儿毕竟不是自己的，又见管宁连看都不看，华歆就把金块儿扔掉了。

又有一天，管宁和华歆在同一张席子上读书。这时，一个乘坐华丽车子的官员从门口经过。管宁还像原来一样读书，华歆却停止了读书，到外面去观看。

等华歆回来，管宁用刀子割断席子说："你不再是我的朋友了。"

二人后来走的路也迥然不同：管宁安贫乐道，一生讲学授徒，教出了好多学生。华歆先在汉朝做官，在曹丕篡夺汉朝皇位后，仍然在魏国做官，最后官至相国，还封了侯，他的官越做越大，成为魏国的三公之一，但华歆的为人却为后人所不耻。

东汉末年，由于发生了黄巾军起义，后来州郡官员纷纷割据，管宁打算向北去避乱，于是，与邴原、王烈来到辽东。他们受到

辽东太守公孙度的欢迎，公孙度专门辟出馆驿来让他们居住、读书。但是，管宁却在山谷自己盖草庐居住、读书，有意与官员拉开一定距离，而且，他只读经典，不问世事。因为管宁的大名，引来大量避祸的学子来这里就读。这个时期，管宁开始讲解《诗经》《书经》等经典，人们都愿意接受管宁的教导。公孙度死后，他的儿子公孙康当了太守。

当时，辽东的官员公孙康想脱离东汉自立，却因为对管宁的敬重而不敢提出这样的主张。曹操在控制了皇上汉献帝后，也曾经想招管宁进京为自己所用。书信被公孙康扣留，未通知管宁，因而管宁没有到曹操那里去做官。公孙康死后，他弟弟公孙恭当了太守。

后来，中原渐渐安定，去辽东的人纷纷回家，惟独管宁没打算离开。华歆向魏国的皇上曹丕推荐管宁，曹丕下诏召管宁进京，管宁见辽东太守公孙恭懦弱，而他的侄子公孙渊有本事。管宁预料公孙渊迟早会夺权，这才返回家乡。临行前把辽东太守公孙恭赠给他的礼物全部退还。回到中原地区后，魏国两代皇帝都请管宁出来做官，但都被管宁婉言谢绝了。

上面管宁与华歆的故事出自《世说新语》，后人把这个故事概括为成语"管宁割席"，意思是说要保持高雅的志趣，如果身边有华歆那样的功名利禄之徒，我们应该能像管宁那样做到割席为界，与他绝交。当然，做法可以策略一些。

言过其实

三国时期，马谡在刘备手下做官。马谡是个很有才华的人，他平时特别好谈论军事，谈得头头是道，丞相诸葛亮很器重他。

但是，刘备对马谡看得很清楚，他认为马谡这个人好高谈阔论，喜欢说大话，讲的话常常脱离实际。

刘备临死的时候，曾经对诸葛亮说："马谡这个人好浮夸，语言超过他的实际能力，让他当个参军、助手还可以，千万不可以重用。丞相可要留意呀！"

刘备死后，诸葛亮担负起北伐的重任，率领蜀汉大军出师攻打魏国。

诸葛亮认为，街亭这个地方虽然很小，却是战略要地，此地一丢，蜀军将被魏军切断后路，诸葛亮想派一个能干的人去镇守街亭要塞。

这时，马谡在蜀汉的军中当参军，他立过许多功劳，自告奋勇要去守街亭。

诸葛亮忘记了刘备临死前对他的提醒，竟然命令马谡去守街亭，临行前，诸葛亮要求马谡一定要在交通要道安营扎寨，守住要塞街亭就是胜利。

马谡率领部队到了街亭，不遵照诸葛亮的嘱咐，也不听副将王平的劝告，没有在交通要道安营，偏偏把营寨安在山上。王平说："这样做有违丞相的部署，被魏军包围了怎么办？"

马谡说："如果被魏军包围，士兵被置于死地，就会拼命，可谓置之死地而后生。"

王平苦劝马谡不听，只好要求分兵五千，另在交通要道扎寨。

马谡认为自己的安排万无一失，结果被魏军包围，王平来救也寡不敌众，最后丢失街亭。马谡率领残兵败将回来复命。

诸葛亮这时才想起刘备临终前嘱咐自己的话，认识到马谡言语浮夸，超过他的实际能力——言过其实。诸葛亮后悔不已，由于自己没有按刘备临终嘱咐办，用错了人，诸葛亮主动向后主刘禅上表，要求免去自己的丞相职务，连降三级。

这段故事出自《三国志》，后人把这段故事和刘备的话总结为一句成语"言过其实"，"言"指言语，"过"指超过，"其"指他，指马谡，"实"指实际工作能力。这句成语多指言语与实际不符，过于夸大。

乐不思蜀

三国时期，刘备占领巴蜀、汉中，建立了蜀汉政权。刘备死后，他的儿子刘禅即位当了皇帝。刘禅是一个昏庸无能的皇帝，诸葛亮等贤臣死后，蜀汉政权被魏国所灭，刘禅不得已投降了魏国，刘禅被魏国的军队弄到了魏国的首都洛阳，被封为安乐公。

这时，魏国皇帝曹髦也已经没有什么实权，朝廷的大权都掌握在晋王司马昭手里。

一次，晋王司马昭宴请原蜀汉的皇帝刘禅和蜀汉的降臣，司马昭故意安排了巴蜀地区的歌舞让刘禅君臣观看。蜀汉的降臣看了巴蜀地区风格的歌舞，想起灭亡的故国，非常难过，都暗暗落泪，惟独刘禅看得十分开心。

晋王司马昭非常惊讶，他不明白，作为一个亡国的皇帝，这个时候怎么还乐得起来？司马昭就问刘禅："你还想不想蜀地呢？"

刘禅竟然回答说："在这里很安乐，不想蜀地——'此间乐，不思蜀'。"

跟随刘禅的蜀汉降臣郤正就在刘禅身边，听见了刘禅的话，心里又气又急，他悄悄地对刘禅说："您怎么能这么说呀？一会儿晋王再问您，您就说：'祖先的坟墓都在蜀地，这里离祖先的坟墓太远了，我没有一天不想蜀地的。'"

过了一会儿，晋王司马昭果然又问刘禅："你还想不想蜀地呀？"

刘禅用郤正教他的话回答说："祖先的坟墓都在蜀地，这里离祖先的坟墓太远了，我没有一天不想蜀地的。"

晋王司马昭说："这怎么像是郤正说的话呀？"

刘禅慌乱地实话实说："确实这是郤正说的话。"

听了刘禅的话，晋王司马昭和晋国的大臣们都忍不住哈哈大笑。

这个故事在《三国志》有记载。后人把这个故事总结为成语"乐不思蜀"，"乐"指安乐，"思"是思念，"蜀"指巴蜀地区，指现在四川一带，原来是蜀汉政权建国的地方，在这里暗指自己的故国、家乡。此成语含贬意，一般形容无心无肺的人在安逸的环境中，一点儿也不思念自己的家乡。

期期艾艾

《史记》里记载了这样一个有趣的典故：西汉初年有个大臣叫周昌，他说话口吃，说话一结巴就爱重复"期期"这两个字。

但是，周昌为人耿直，敢于向汉高祖刘邦直言。

刘邦有一个宠爱的妃子叫戚姬，也就是戚夫人，戚姬生了个儿子叫如意。如意也受到刘邦的宠爱。

刘邦想废掉原来的太子刘盈，立如意当太子。刘盈是刘邦的原配夫人吕雉所生，吕雉跟着刘邦打天下，受尽了苦。废长立幼，历来是一大忌讳，这件事情在大臣中引起了争论。

有一天，大臣们上朝时，刘邦又说起了废太子刘盈这件事，大臣们都表示反对。周昌也是激烈的反对者之一，他一激动，说话又结巴了，他说："臣……期期……认为这件事不能做，陛下要废太子，臣……期期……不能同意。"

大臣们见他说话这样费劲，都乐了，刘邦也跟着笑了。废太子刘盈这件事没有做成。刘盈在刘邦死后，还是即位当了皇帝，就是汉惠帝。

《世说新语》里记载了另一个有趣的典故：三国时期魏国名将邓艾率领一支部队偷渡阴平，率先攻入成都，灭亡蜀汉，立了大功。但邓艾说话也结巴，他称呼自己时，说到"艾"总要结巴。

有一次，邓艾跟晋王司马昭谈话，说到自己时，一连说了好几个"艾艾……艾艾……"

司马昭笑着开玩笑说："你总说艾艾，到底是几个艾呀？"

聪明的邓艾立即引用《论语》中的一句话说："凤兮凤兮，难道不是一只凤？"《论语》里说的当然是一只凤，邓艾聪明地把自己从尴尬的境地中解脱出来了。

146

后人把周昌口吃和邓艾结巴这两个不相干的故事联系起来，概括出来一句有趣的成语"期期艾艾"，这句成语是不能乱用的，只能用来形容人说话口吃的样子。

势如破竹

三国后期，魏国灭掉蜀汉后，司马炎从魏国皇帝手中夺取了曹氏的皇位，魏国从此灭亡。此时的晋国国力强盛，兵精粮足，准备攻打东吴。

晋国皇帝司马炎召集文武大臣商议灭吴的军国大计。司马炎没想到，多数大臣认为，吴国军队还有相当的实力，并且据有长江天险，灭掉吴国不是一件很容易的事情，希望司马炎伐吴要慎重。

大将杜预力排众议，他写了一道奏章给司马炎。杜预在奏章中说：必须趁当前吴国国力衰弱，赶快灭掉它，不然，等吴国实力壮大了，就很难打败它了。但朝中反对讨伐吴国的势力太大了，司马炎举棋不定。司马炎又向自己最信任的大臣张华征求意见，张华很赞成杜预的主张。

司马炎这才下定决心，任命杜预为征南大将军。司马炎调动了二十多万兵马，兵分六路，水陆并进，攻打吴国。

晋国大军踏上征程的第二年就攻占了江陵，还斩杀了吴国一员大将。晋军乘胜追击，吴军吓破了胆，纷纷倒戈投降。

就在伐吴的军事行动顺利进展的时候，晋国内部有人担心长江水暴涨，主张到了冬天再发起攻击。

杜预坚决反对这种意见，他说："现在我军士气高涨，斗志正旺，

进军速度势如破竹，一举灭掉吴国不会再费多大力气了。"

晋武帝司马炎同意杜预的意见，坚持一鼓作气，将统一全国的军事行动进行到底，晋军各路部队的士兵受到极大的鼓舞。

西晋的大将王濬率领的水军从长江顺流而下，直逼建业。吴国的皇帝孙皓不得不让人把自己反绑，向晋军投降。从此，吴国灭亡，晋武帝司马炎统一了全国。

这段故事出自《晋书·杜预传》，后人把杜预的话提炼为成语"势如破竹"，形容节节胜利，毫无阻碍。

狗尾续貂

西晋的时候，赵王司马伦野心极大，他网罗党羽，阴谋篡位。

司马伦为了网罗更多的党羽，也为了让部下更效忠他，不但对部下，还对部下的党羽和他们的家属都封了官，官封得很滥。

当时官员上朝时都要穿朝服，还要戴用貂尾作为装饰的帽子。赵王司马伦封的官吏太多了，为了制作官帽的装饰，貂快被杀绝了，哪有那么多貂的尾巴呀？官员们只好用狗的尾巴来代替貂的尾巴。

老百姓十分反感司马伦这种乱封官的现象，可也不敢公开地反对，

于是，老百姓编了一句谚语："貂不足，狗尾续。"

这个故事出自《晋书》，后人把此故事概括为成语"狗尾续貂"，比喻把不好的东西补在好东西后面，前后很不相称。后来，这句成语被引申为比喻文章前半部分写得很好，后面写得很差，是"狗尾续貂"。

囊中羞涩

西晋时代，阮咸是"竹林七贤"之一，他的儿子叫阮孚，阮孚和他父亲阮咸一样高傲，自视清高，放荡不羁，从不与权贵同流合污。

阮孚整天衣冠不整，喝酒游玩，从来不打理家产。他的生活非常困顿。阮孚都混成了这样，还忘不了喝酒。有一次，他拿着家里唯一值钱的东西金貂皮去换酒喝。

从汉朝以来，官员上朝，都要带一个黑色的囊，把向皇上奏的奏本放在里面。有的人也把一些零用钱放在囊中。阮孚不是官儿，他每天出门也带一个黑色的囊——皂（黑色）囊。

一次，阮孚和客人到会稽去游玩，

他照例带着那个囊。

一位同行的客人奇怪地问他："你的囊中装的是什么？"

阮孚说："囊中只有一枚钱，恐怕囊会感到羞涩了。"

这个典故出自《韵府群玉》，后人把这个故事概括为"阮囊羞涩"。后来，这个成语演化为"囊中羞涩"，比喻钱袋中没有钱，经济非常困难，钱袋的主人都难为情了。

鹤立鸡群

魏晋时期的文学家、音乐家嵇康是"竹林七贤"中的领袖，他长得身材高大，风度翩翩，他对权臣司马昭采取不合作的态度，最终被杀。

他的儿子嵇绍也像他父亲一样，仪表和才华都很出众，不论他走到哪里，都很引人注目。

西晋建立后，嵇绍被朝廷召到洛阳做官，晋惠帝任命他当侍中。这位皇帝的脑子有点笨，当天下闹灾，大臣说百姓吃不上饭，很多人饿死时，他居然说："吃不上饭，为什么不喝肉粥呢？"

嵇绍发现，晋惠帝虽然是一位糊涂皇帝，但还老实，不像他的祖先那么奸诈，于是，他诚心诚意地辅佐晋惠帝。

有一位士人见到嵇绍后，对"竹林七贤"之一的王戎说："昨

天，我头一次见到嵇绍，他身材高大，仪态出众，在人群中，他就像一只仙鹤站立在鸡群之中啊！"

王戎听后说："你还没有见过他父亲嵇康呢，仪表、风度和才华更胜过他呢！"

嵇绍还是一位忠心耿耿的人，在"八王之乱"中，嵇绍始终保护着晋惠帝，身中数箭而死，血染晋惠帝的战袍，侍从要洗去战袍上的血，晋惠帝哭泣着说："不要洗，这是嵇侍中的鲜血啊，他是为了保护朕而死的啊！"

有人说，才华横溢的嵇绍为这么一位糊涂皇帝而死，有点不值。然而，这正是嵇绍待人诚恳、忠实可靠的性格使他这样做的。

这段故事出自《世说新语》，后人把它概括为成语"鹤立鸡群"。常常用来形容一个人仪表出众或品质、才能高于一般人。

枕戈待旦

祖逖和刘琨年轻的时候就是好朋友。两个人一起读书，一起练武健身，决心报效国家。这时，西晋王朝表面上还统治中原地区，实际已经危机四伏，面临着内忧外患，国家政权已经岌岌可危了。

祖逖和刘琨在一起，常常谈起国家大事，一聊就聊到深夜。一天，两人聊得兴奋，刘琨不知不觉睡着了，祖逖却久久不能入睡。

不知什么时候，外面的公鸡叫了起来。祖逖从床上跳起来，叫醒了刘琨，他说："你听，这雄鸡的叫声多么让人振奋呀？我们一起去舞剑吧！"

他们俩来到空场上，舞起剑来。

从此，每天雄鸡一叫，两人就起床舞剑。

一次，刘琨写信给自己的家人，他在信中说："国家处在危难的时候，我经常'枕戈待旦'——枕着兵器睡觉，一直到天明。我立志报国，常担心落到祖逖后边，没想到他还是常常走到我的前头。"

后来，西晋发生了"八王之乱"，国力大衰，终于，在外族的入侵下，灭亡了。中原地区完全落入外族之手。晋朝的势力转移到南方，建立了东晋政权，刘琨和祖逖也流落到南方，他们俩都成为挽救国家危亡，有志于恢复中原，致力于北伐的将军。

这段故事出自《晋书·祖逖传》，"枕戈待旦"出自刘琨的《与亲故书》的信件中，意思是枕着兵器睡觉，"戈"指长矛，"待旦"意思是等到天明。后人把这句话总结为成语，意思是说，时刻警惕敌人，准备作战。"闻鸡起舞"也是根据这个故事总结出来的成语。

中流击楫

东晋时期，出了一位能征惯战的将军，他的名字叫祖逖。

祖逖出生于西晋末年，那个时候，发生了"八王之乱"，各个藩王

之间争权夺利，天下大乱。西晋王朝的国力大衰，北方大片土地沦落。晋朝政权迁往南方，晋元帝迁都建康（今南京），在南方建立了东晋政权。

祖逖非常难过，他决心要收复失地。在晋元帝迁都建康的时候，祖逖召集了一批壮士，组织他们日夜操练，随时准备北上抗敌。可是，这个时候祖逖什么也不是，他没有统兵权。

祖逖觉得，自己不能再沉默了，他给皇上递了一道奏章，说："陛下如果能任命我做将军，让我统兵北伐，北方豪杰一定都会响应。我一定能够收复失地。"

皇上看了祖逖的奏章很高兴，任命祖逖为奋威将军，并让他招兵买马。祖逖这位奋威将军几乎是光杆司令，朝廷一个士兵都没有给他。祖逖即在民间召募爱国志士，一下子召集了一千多人。

区区一千多人，比起强大的敌人，这支部队还是很弱小的。祖逖相信，他所代表的王师一北伐，北方的爱国志士就会响应。

一切准备完毕，祖逖率领这一千多人乘船北上。他们乘坐的船行到大江中心，祖逖用手击打着船桨——"中流击楫"，说："祖逖这次北上，如果不能平定中原，驱逐敌寇，那我就像这滔滔的江水，一去不复返！"

祖逖的话极大地鼓舞了同行的将士们。祖逖渡江后，开始向敌占区进攻，晋王朝的遗民纷纷响应，他的部队很快就发展成了一支能战斗的大军。祖逖的大军所向披靡，一连打了好几个胜仗，收复了不少失地。祖逖受到人民的真心拥护，晋元帝封祖逖为镇西将军。因为部队壮大了，祖逖成了一位名副其实的大将军。

这段故事出自《晋书》，后人把这段故事总结为成语"中流击楫"，意思是说在大江急流中，击打着船桨发出豪迈的誓言，不杀败敌军，誓不回头。这句成语比喻志士要打败强敌的坚强决心和意志。

东山再起

谢安，号东山，是东晋的政治家、军事家，浙江绍兴人。他指挥了"淝水之战"，抗击了苻坚领导的前秦大军的入侵，这是历史上有名的以少胜多的经典战役，打乱了前秦统一之路，改变了中国格局。

谢安开始当著作郎，后来历任吴兴太守、侍中兼吏部尚书、中护军、尚书仆射、吏部尚书和后将军等职务，后来遭到小人猜忌，辞职在东山隐居，当时的人称他为"谢东山"。皇上知道他是一个人才，屡次召他再入朝为官，他都没有接受，整天在东山居所饮酒。

直到谢安四十岁时，他才重新出来做官，后来，官越做越大，最高当过司徒，属于朝廷的高官。后人把他复出称为"东山起"。

这个故事出自《世说新语》，后人把谢安"东山起"的事迹总结为成语"东山再起"，用谢安复出的故事比喻隐士再次出山为官。

不求甚解

陶渊明，名潜，字元亮，他当过几年小官，因看不惯官场的腐败，主动回到家中，从此隐居，当起了农夫。陶渊明的家旁边有五棵柳树，因此，自号"五柳先生"。他文风清新自然，田园生活是他创作的主要题材。作品有《饮酒》《归园田居》《桃花源记》《五柳先生传》《归去来兮辞》《桃花源诗》等。

陶渊明写过一篇《五柳先生传》，其实写的就是他自己。文章是这样开头的：这位先生不知是哪里人，也不清楚他的姓名，不多说话，也不羡慕功名利禄；他很喜欢读书，对所读的书不求甚解；每读到高兴的地方，就忘记了吃饭。这位先生喜欢喝酒，可家里很穷，常没有酒喝，亲戚朋友知道他这种情况，常邀请他去喝酒，他每次都把亲戚朋友准备的酒喝光……

后人把《五柳先生传》中的"不求甚解"概括为成语，意思是读书时不咬文嚼字，而是领略书中的要义。后人在使用这句成语的时候，有时候有了贬意，把不认真读书、不求深入了解书的内容说成不求甚解，其实，这不是陶渊明的本意。

骑虎难下

东晋的时候，发生了叛乱，叛军的声势十分浩大，大臣温峤组织了一支联军讨伐叛乱。

将军陶侃的部队也参加了联军，他还担任了主帅。

交战初期，几支平叛部队先后失利，军粮也快用完了。陶侃很着急，他生气地对温峤抱怨说："你动员我来讨伐叛军时，说一切都安排妥当，战争刚刚开始，军粮就快用完了，如果不能马上供应军粮，我只好撤军。"

温峤耐心地说："现在虽然很困难，但是，我们一定要团结。马上撤军，叛军将更加嚣张。我们目前的处境正如骑在猛兽的背上，不把猛兽打死，你、我怎么下得来呢？"

陶侃猛然醒悟，这时，凡是参加平定叛军的部队都是没有退路的，于是，他率领部队奋勇杀敌，终于打败了叛军。

这个故事是最早含有成语"骑虎难下"类似的意思。

后来，人们把这个故事总结为成语时，把兽换成了虎。

到了唐朝，李白在《留别广陵诸公》这首诗中说"骑虎不敢下，攀龙忽堕天"，具有了"骑虎难下"的雏形。

在《明史·袁化中传》中有"铤而走险，骑虎难下"的叙述。可见，这时已经出现"骑虎难下"这一成语了。

"骑虎难下"的意思是表示事情发展到一定程度，想停下来已经不可能了。"骑虎难下"也含有进退两难的意思。

车胤囊萤

东晋时，出了一位靠苦读自学成才的杰出人物，他叫车胤。车胤小时候，家里很穷，他父亲不能给他提供良好的学习环境。但车胤是一个非常爱学习的孩子。车胤白天要帮助家里干活，晚上才能看书，但家里没有多余的钱买灯油，车胤只好利用晚上的时间背书。

一天晚上，车胤正在背一篇文章，他看见许多萤火虫在黑暗中一闪一闪的，车胤心想：一只萤火虫的光亮是有限的，如果把它们捉住，放在同一个囊里，是不是更亮一些，能用来照明看书呢？

于是，车胤捉了十几只萤火虫，把它们放在一个囊里，合起来的光亮勉强可以让他看书了。从此，只要有萤火虫，他就把它们抓来照亮读书。

由于车胤苦读不辍，他的学识与日俱增。长大后先后担任过中书侍郎、国子监博学、骠骑长史、太常、护军将军和吏部尚书，这些都是职位很高的官哦。

这个故事出自《晋书》，后人把这个故事概括为成语"车胤囊萤"，后人用这个成语形容读书的人刻苦精神。

孙康映雪

与车胤同朝代还有一位刻苦读书的好少年，他的名字叫孙康。孙康家里没有钱买灯油，晚上，只能早早地睡觉，孙康觉得这样让时间白白地流失掉很可惜。

一年冬天的一个夜里，孙康见窗缝透进来一丝光亮，原来外面下起了鹅毛大雪。孙康穿好衣服，拿着书来到外面，借着雪的光亮读起书来。

不一会儿，孙康的小手就冻僵了。他只好在地上跑一跑，搓搓手，继续读书。以后，只要是下雪的天气，他就从床上爬起来到外面借着雪的光亮读书。

由于孙康学习刻苦，学问大有长进。后来，朝廷重用他，让他担任了御史大夫。

这个故事出自《尚友录》《孙氏世录》等书。后人根据这个故事总结出成语"孙康映雪"。后人把"车胤囊萤"和"孙康映雪"概括为另一个成语"囊萤映雪"，这个成语也是比喻刻苦读书的精神。

盲人骑瞎马

　　东晋时，有个文学家叫顾恺之，他跟殷仲堪和桓温的儿子桓玄都是好朋友。殷仲堪有一只眼是瞎的，三个朋友有一次玩耍时，没想到，无意间让殷仲堪受了伤害，但也无意间造就了一句成语，留传后世。故事是这样的：

　　一天，顾恺之到殷仲堪家中做客。桓温的儿子桓玄也在殷仲堪家，三个朋友闲坐无聊，就玩起了文字游戏，拿"危"字的含义造句。

　　桓玄说："我说一句，矛头淅米剑头炊。"

　　殷仲堪也不甘落后，他说道："百岁老翁攀枯枝，行吗？"

　　顾恺之说："不错，该我了，井上辘轳卧婴儿。"

　　三个朋友正玩得开心，殷仲堪手下有一位参军也用"危"字的含义造了一个句子，他插话说："盲人骑瞎马，夜半临深池。"

　　从造的句子来说，这位参军说得挺出色，但他事先没想到，他的顶头上司殷仲堪瞎了一只眼。殷仲堪的脸一下子变得十分难看，他心想，这不是在说我吗？他不高兴了。顾恺之和桓玄看出了殷仲堪的不悦，只好悄悄地向殷仲堪告辞，一场有趣的文字游戏不欢而散。

　　这个故事出自《世说新语》，参与那场文字游戏的人谁也没有想到，那位参军的话竟然被后人提练出来，作为一句成语。这句成语意思是说盲人骑着瞎马，在半夜的时候，走近了深渊，自己一点也不知道。后人用它来比喻盲目行动。

标新立异

支道林是东晋时期的一个佛教学者，他对《庄子》一书有极深入的研究，他常和谢安、王羲之等交往，互相探讨学问。谢安和王羲之都是东晋的名士，当时，能与这两位名士结交，都深以为荣。

庄子的著作《庄子》既是一部很难懂的哲学著作，又是影响极大的文学著作。开始，人们还没有承认支道林在研究《庄子》方面所取得的成就，研究《庄子》的学者们都以郭象和向秀所作的注为标准，认为这两个人是研究《庄子》的权威。

一天，支道林在洛阳白马寺与太常护国将军冯怀一起聊天，两人谈起了《庄子》中的文章《逍遥游》，《逍遥游》是《庄子》一书的名篇，也是这部书中的难点。冯怀没想到，支道林说出了不同于郭象、向秀的理解——"标新理于二家之表，立异义于众贤之外"，而且，支道林的见解大大高于那两位权威的解释。他的见解都是那些著名学者苦苦思索而没能解决的学术难题。冯怀对支道林研究所取得的成果大为赞赏，见了谁都宣扬支道林研究《庄子》一书所取得的成就。

从此以后，后人也吸收支道林的见解来解释《庄子》一书中的《逍遥游》，承认他"标新理""立异义"所取得的成就，承认他是能与郭象、向秀比肩的研究《庄子》的著名学者。东晋的学者们都自视清流，都以雅士自居，支道林能在他们之中取得不俗的一席之地，是难能可贵的。

这个故事来源于《世说新语》一书，后人把支道林"标新理""立异义"的故事概括为"标新立异"这句成语，多指提出新奇的主张，创造新奇的式样。有时也带有贬义，指脱离正常的法则而另搞一套。

一箭双雕

长孙晟是南北朝时北周的将军，他善于射箭。北周皇帝决定把一位公主嫁给突厥王，派长孙晟率领一支部队护送公主到突厥。

突厥王大摆宴席，招待北周使者长孙晟。酒宴中，突厥王提出比武助兴，要长孙晟射一百步以外的一枚铜钱。

长孙晟心想，这一箭一定要射出北周神箭手的威风。他冷静地把硬弓拉成弯月状，只听"嗖"的一声，羽箭像流星一样射向前方，正中小铜钱中间的方孔。在场的突厥人和北周人齐声喝彩。

这下，突厥王更加敬重长孙晟了，留他在突厥住了一年。

一天，突厥王让长孙晟陪他外出打猎，他们看见两只大雕在空中争夺一块肉，突厥王递给长孙晟两枝箭，说："将军，你能把这两只雕射下来吗？"

长孙晟笑笑说："一枝箭就够了。"

突厥王听了，根本不信，他想：一枝箭怎么能射中两只雕呢？

长孙晟接过箭，拉开弓，"嗖"的一箭，空中两只打得难解难分的雕被穿在了一起，落到了地上！

突厥王和在场的猎手们都齐声喝彩："哈！好箭法！真是一箭双雕啊！"

这个故事出自《北史·长孙晟传》，后人把这个故事概括为成语"一箭双雕"。后来，这个成语不只限于打猎了，也用于其他方面，比喻只出击一次，击中了两个目标。有时候，把只行动一次，得到了两个收获，也说成是"一箭双雕"。

乘风破浪

南北朝时，有个年轻人叫宗悫，宗悫是南阳人，他从小学得一身好武艺。

一天，宗悫的哥哥成亲，家里十分热闹。正当大家向一对新人道贺时，有十几个强盗摸进家来。强盗们潜入库房偷盗东西。有个仆人到库房取东西，发现了强盗，仆人大叫着冲进客厅，客人们都吓坏了。

只有十四岁的宗悫镇定地拔出佩剑冲向库房，盗贼见冲进来的人是一个少年，都挥舞着刀枪威吓宗悫。宗悫毫不畏惧，举剑刺向盗贼，仆人们也呐喊助威。强盗们丢下财物，

仓皇地逃跑了。

宾客们纷纷称赞宗悫勇敢、少年有为。他的叔叔叫宗炳文，此人学问好，但不肯做官。叔叔问宗悫，长大以后干什么，他大声地说："愿乘长风破万里浪，干一番大事业。"

几年后，敌军侵扰边境，宋文帝派交州刺史前往讨伐，宗悫主动请战，他被宋文帝任命为振武将军。

宋军包围了敌军占领的城池，主将命宗悫去阻击增援的敌军。

宗悫把部队埋伏在敌军援兵必经之路的两侧，等敌军援兵一进入埋伏圈，他立即下令出击，把敌军援兵打了个落花流水。

宗悫打了不少胜仗，立下许多战功，被皇上封为洮阳侯。实现了他少年时的志向。

这个故事出自《南史》，后人根据宗悫的话总结出成语"乘风破浪"，来形容不怕困难，奋勇直前的精神。

一木难支

南北朝宋顺帝的时候，权臣萧道成把持着朝政，残害忠良，恣意横行。他有极大的野心，不满足于只当个权臣，还准备篡宋自立。忠于宋顺帝的大臣袁粲和刘东秘密商议，要把萧道成杀死，为国除贼。

但是，不幸的是，参与密谋的小人诸渊卖友求荣，泄露了机密，袁粲和刘东商量起事的秘密被萧道成的党羽知道了，那些党羽向萧道成告了密。狠毒的萧道成派大军攻打袁粲所守的石头城，把石头城团团围住。

袁粲一边指挥守城，一边镇静地对儿子袁最说："我知道一根木头

不能支持一座大厦的坍塌，但为了名誉和气节，我不得不死守城池。"

袁粲的儿子袁最表示，就是死也要跟父亲死在一起。

后来，萧道成军队的士兵翻墙攻进城里，石头城沦陷了。攻城的士兵包围了袁粲父子，在敌人的刀枪下，袁最勇敢地用身体掩护着自己的父亲。

袁粲为有这样的儿子而骄傲，他临死前对儿子说："孩子，我是忠臣，你是孝子，我们死而无愧。"

袁粲和袁最父子为了朝廷而英勇牺牲了，他们坚守住了作为臣子的气节。

当时有歌谣唱道："可怜石头城，宁为袁粲死，不和诸渊生。"可见，当时的民心是向着袁粲父子的，对于小人诸渊极为鄙视。

这个故事来自《世说新语》，后人把袁粲的话总结为一句成语："一木难支"，意思是说，形势到了最危急的时刻，不是一个人或者少数人的力量能够挽救危局的。有时，人们也用"独木难支"来形容形势的险恶。

恃才傲物

南北朝时期，南朝的梁国有一个才子叫萧子显，他当过国子祭酒

和吏部尚书等。

萧子显精通诗书，学问好，仗着他有才气，很少有他看得上的人。平时，萧子显见到各级官员，从来不主动同人家说话，挥一挥手里的扇子，点点头，就算跟人家打了招呼。

萧子显的同僚们也都知道他的脾气，不跟他来往。因为他太有才了，对这样一位脾气怪异的人，简文帝很敬重他。

心高气傲的大才子萧子显寿命可不怎么长，四十九岁那年，他就染病死了。

简文帝下达圣旨，要朝廷给他办丧事。

萧家的人请求皇上给萧子显一个谥号。什么叫谥号呀？古代帝王、太后、贵族和大臣死了，按照死者生前的事迹给一个好听的称号，谥号成为对死者的褒奖，也是对死者一生的评价。

简文帝想了想，大笔一挥，写了两句话："恃才傲物，宜谥曰'骄'"。意思是说，大才子萧子显生前仗着自己有才，什么东西（代指人）都看不上，应该给他的谥号就是一个"骄"字。

应该说，简文帝对于萧子显这个评价既恰如其分，又中肯，是对萧子显一生高度的概括。

这个故事出自《南史》，后人把梁朝简文帝对萧子显的评价概括为"恃才傲物"这句成语。当时，简文帝对萧子显的评价主要是在表扬萧子显的才学好。到后来人们用这个成语时就完全成为贬意的了，意思是仗着有才而傲慢。

一衣带水

隋文帝杨坚要攻打江南的陈朝，但朝中文武官员意见不一致，引起了争论。有人说，陈朝凭借着天险长江，足可以凭险据守。

这时，南陈统治者十分昏庸，政治腐败。杨坚认为攻打陈朝正是时机。隋文帝杨坚对大臣高颎说："我作为百姓的父母，怎么能因为有长江这样的一衣带水，就不去拯救江南的百姓呢？"

于是，杨坚派他儿子杨广、大臣高颎、杨素，大将韩擒虎、贺若弼等统兵五十万，出兵攻打陈朝。大军所向披靡，势如破竹，很快就打过了长江，灭掉了陈朝。

这段故事引自《南史》，后人把杨坚的话概括为成语"一衣带水"，专门用来形容双方或者两国仅隔着一条狭长的水道，表示离得很近。

但是，这个成语不能用于隔着很宽的水域，隔着长江算是"一衣带水"，如果隔着太平洋，说是"一衣带水"就不妥了。

以史为鉴，可知兴替

李世民，陇西成纪人，他是唐朝第二位皇帝，庙号为太宗。唐太

宗是一位杰出的政治家、军事家。隋朝末年，天下大乱，李世民的父亲李渊起兵反隋，他跟着李渊南征北战，为大唐帝国的建立立下汗马功劳。征战中，李世民也扩大了自己的势力，发动"玄武门之变"，最终登上了皇帝的宝座。

李世民当皇帝后，认真听取群臣的意见，任用房玄龄、长孙无忌、魏征、李勣等一大批贤臣。

李世民之所以能够成为一代明君，跟他虚心纳谏，听取贤臣的意见是分不开的。大臣中，最耿直、敢于直谏的莫过于魏征。魏征是唐代杰出的政治家、文学家、史学家，是凌烟阁二十四功臣之一。魏征最初是瓦岗寨起义军李密的手下。李密失败后，魏征跟随李密降唐，后跟随李渊的大儿子太子李建成，也就是说，他原来是李世民政敌的臣属。李世民在"玄武门之变"中杀死了李建成，知道魏征是个能干的人，并没有因为魏征曾经积极服务于李建成而不信任他。李世民积极听取魏征的意见，使魏征成为他的核心幕僚。

魏征、长孙无忌、房玄龄等贤臣劝李世民在政治上实行宽松政策，使百姓得到休养生息，各民族融洽相处，终于使社会出现了国泰民安的大好局面。

魏征提意见，直率而不留情面，有几次甚至深深地得罪了李世民，李世民恨不得杀了魏征，但是，魏征仍然坚持正确意见。幸亏李世民有一位贤德的长孙皇后，长孙皇后听说李世民生魏征的气，要动杀心，连忙向李世民道贺，说是上天赐予李世民魏征

这样敢于直谏的贤臣。李世民立即恍然大悟，不但没有杀魏征，而且还奖赏了这位忠贞的贤臣。

魏征先后担任尚书左丞、秘书监、侍中等职，他冒着得罪皇上的危险劝告唐太宗二百多次。劝告李世民以史为鉴，励精图治，任贤纳谏，本着"仁义"行事，他的许多意见都被采纳了。

李世民常对臣子们说："以铜为镜，可以正衣冠；以人为镜，可以明得失；以古为镜，可以知兴替。"

正是由于李世民身边有魏征这样一大批正直的贤臣，所以，李世民在位期间，开创了历史上辉煌一时的"贞观之治"，也为后来全盛时期的开元盛世奠定了牢固的基础，使李世民成为一代明君。后人根据李世民的话，总结出成语"以史为鉴，可知兴替"。意思是说，以历史的经验为镜子和借鉴，可以知道朝代兴亡、替代的原因，能够使江山永固。

抱蔓摘瓜

唐高宗时，皇帝李治的身体不好，不大处理朝政，国家朝政大权完全落在皇后武则天手里。

武则天的野心很大，他把太子李忠废掉，另立李弘为太子。

谁知，后来武则天又把李弘毒死，再立李贤为太子。

李贤知道他难以自保，日夜忧伤。

他仿照着当时流行的乐府格式，写下了《黄台瓜辞》。辞中唱道："种瓜黄台下，瓜熟子离离。一摘使瓜好，再摘令瓜稀，三摘犹自可，摘绝抱蔓归。"

李贤在辞中暗暗讽谏武则天，不要把唐朝宗族的子弟赶尽杀绝。

后人把这个故事概括为成语"抱蔓摘瓜"，原意是说把瓜摘完了，只好抱着瓜蔓回家，意指一再残害无辜。后来，人们用这个故事时，往往指一再扩大案情，株连无辜。

唾面自干

唐朝武则天当政的时候，有个大臣叫娄师德，这个人为官清廉、正直，他是一位文武兼备的大臣，在巩固西北边疆、进击契丹、抗击吐蕃的战争中，都立下过战功。

娄师德的才能很受武则天的欣赏和器重，为此，他招来许多人的嫉妒。但是，娄师德是个很有肚量和胸襟的人，他谦恭懂礼，遇到什么事情，总是让别人三分。他不仅自己能够这样做，还用实际行动教育弟弟和他的家人。

这年，娄师德的弟弟要到代州去当太守，弟弟来向他辞行，他对弟弟说："我现在能够得到陛下的赏识，有很多人在皇上面前诋毁我。所以，你这次到外地去做官，遇事一定要多忍让。"

他弟弟说："知道了，就是有人把唾沫唾到我的脸上，我自己擦干净就是了。"

娄师德说："这样还不行啊！你自己擦掉也是违背别人的意思的，要让别人消除怒气，你就应该让唾沫在脸上自己干掉才行啊！"

这个故事来自《新唐书》，后人把这个故事概括为成语"唾面自干"，"唾面"是指别人把口水唾在自己的脸上，"自干"是让唾液自己干掉。比喻做事逆来顺受，受了侮辱也不反抗。娄师德谦虚、忍让是他的优点，但是，做得未免有点过分，今天，我们不提倡这种做法。

叱咤风云

武则天，名武曌，也叫武媚娘，是中国历史上唯一的一位女皇帝。武曌在唐高宗时为皇后，尊号为天后，跟唐高宗李治并称二圣。

高宗死后，她以皇太后的身份临朝称制，废国号"唐"，改国号为"周"，历史上称这一时期为"武周"，武曌公元705年退位。后人称她为"武则天"，意思是"则天皇后"。

客观地说，武则天在位时，采取了许多改革措施，但她实行高压政策也是不可取的。

武则天当女皇后，受到忠

于唐朝势力的强烈反抗，徐敬业曾起兵反对她。徐敬业是唐朝初年名将李勣之孙（李勣本姓徐，被唐朝皇上赐姓李，"徐"是他家的本姓）。

有个叫骆宾王的文人给徐敬业起草了一篇声讨武则天的檄文，这篇文章中有这样两句话："暗呜则山岳崩颓，叱咤则风云变色。"意思是说，喊叫起来能让山岳崩裂，一声怒喝可以使风云变色。形容声势威力极大，能左右整个形势。

这个故事出自唐朝骆宾王的《讨武曌檄》，后人把骆宾王的话概括为成语"叱咤风云"，用来形容一个人极其勇猛，声势威力极大，怒喝一声能风云兴起。

火树银花

唐朝有一位皇帝很会享乐，他就是唐睿宗李旦。唐睿宗是一位昏庸无能的皇帝，他两次登基，两次让位。当皇帝的时候他什么事情都听太平公主的。宰相要是向他奏事，他一定要问一句，这事有没有跟太平公主商量过。

别看唐睿宗干不了什么事，但是，他特别会享受。他当皇帝虽然只有三年，不管碰到什么节日，他都要用很多财力和人力，好好地享乐一番。

一到每年正月元宵节的夜晚，他就派太监和士兵扎起二十多丈高的灯树，点起五万多盏灯球，映红了整个京城的天空，京城的人称这种挂满灯彩的树为火树。

唐朝的诗人苏味道就拿这件事当题目，写了一首《正月十五夜》

的诗："火树银花合，星桥铁锁开。暗尘随马去，明月逐人来。游妓皆秾李，行歌尽落梅。金吾不禁夜，玉漏莫相催。"

"火树"指火红的树上挂满灯彩；"银花"指银白色的花。后人把这个故事概括为成语"火树银花"，形容张灯结彩或大放焰火的灿烂夜景。

生吞活剥

唐朝初年，枣强县有一个叫张怀庆的县尉，他是个半吊子文人，平时喜欢舞文弄墨，写点诗文。可是，因为才气有限，总也写不出什么好诗。

张怀庆发现哪个诗人写了好诗，他就把人家的诗作抄下来，改头换面地整理一番，然后，就跟别人吹嘘是他写的诗。

比如，大臣李义府写了一首五言诗，张怀庆就在李义府五言诗的每一句前面各加了两个字，对别人说是他写的，不是对诗歌界的诗文真正熟悉的人还真看不出什么破绽。

张怀庆不只抄袭李义府的诗，王昌龄、郭正一的诗都被他窃取篡改过。王昌龄和郭正一都是当朝有名的文人，皇上的诏书好多都是这两个人撰写的。张怀庆抄这二位文人的诗，能瞒得住吗？

人们慢慢地知道了张怀庆经常把别人的诗作拿过来，用生搬硬套、改头换面的手法，变成自己的。于是，有人编了两句顺口溜讽刺张怀庆，说他"活剥王昌龄，生吞郭正一"。意思是说，他生搬硬套、剽窃、照抄这两位大文人的诗句。

这个故事出自《唐诗纪事》，在《大唐新语》里也有记载。后人把那两句顺口溜"活剥王昌龄，生吞郭正一"概括为"生吞活剥"的成语，比喻学了别人的学问，机械地搬用别人的知识，没有消化吸收，融会贯通。

笑里藏刀

唐朝的李义府出身于穷苦人家，外貌温良恭俭让，未曾说话先带笑。他擅长撰写文章，受人推荐做了一个小官。

李治当太子时，李义府猛拍太子的马屁，后来，太子李治当上了皇上，他理所当然地得到升迁。

武则天当皇后以后，大权落到这位女强人手中。李义府又向这位实际掌权者表示效忠，李义府不但升了官，连他的家人也跟着鸡犬升天。武则天当女皇后，李义府依然受到重用。

唐玄宗李隆基即位后，李义府官越做越大，当上了右丞相，真可

谓是权势熏天。

李义府不但弄权，还是个好色之徒，他见一个女犯人长得漂亮，就指使监狱长官免了这个女子的罪，暗中让这个女子成了他的情人。

御史向皇上李隆基揭发了此事。没想到，李义府最终却逍遥法外，那位御史却被贬了官，发配到外地去了。

李义府跟这样的政敌也能笑脸相对，他竟然笑嘻嘻地问这位倒霉的御史是不是感到惭愧。

面慈心黑、笑里藏刀的李义府的胆子越来越大，竟然伙同家人，干起了卖官鬻爵的丑恶勾当。

一次，他看到开国功臣长孙无忌的孙子长孙延列在升官的名单里。这本是板上钉钉的事情，是皇上决定的，跟他一点儿关系也没有。他居然提前告诉长孙延，还厚着脸皮说自己为长孙延提升出了大力。

不明真相的长孙延给了他一笔钱，你看，他竟然坑到了功臣后代的头上。

纸里包不住火，事情终于败露了，唐玄宗李隆基大怒，贬了李义府的官，把他发配到很远的地方。这时，李义府还在向皇上李隆基表示忠心，希望能够有一天东山再起，不过，这次拍马屁没起什么作用，李义府最后死在了外地。

这个故事出自《旧唐书》，这部书中说他"时人言义府笑中有刀"。意思是说，当时的人都说李义府的笑容里藏着刀。后人把这个故事概括为成语"笑里藏刀"。形容坏人表面和善，背地里尽打坏主意，算计人。

伴食宰相

唐朝时，卢怀慎和姚崇同朝当宰相，姚崇十分能干，是一代名相，一般人是不能与姚崇相提并论的。

卢怀慎是一位混事的宰相，不过，他还有点自知之明，他知道自己各方面都比不过姚崇。遇到事总把姚崇推到前面，自己从来不拿主意，都让姚崇做主。

当时，官员们上朝以后都有工作餐，卢怀慎每天吃工作餐时，总跟姚崇一块吃，当时的人背地里给卢怀慎起了一个绰号，叫"伴食宰相"。

这个故事来自《旧唐书·卢怀慎传》，后人把卢怀慎的表现总结出"伴食宰相"这句成语，专门用来讽刺只知道每月按期领取薪金，每日吃喝闲坐，不做任何工作，身居高位的官员。

口蜜腹剑

唐朝有个奸臣叫李林甫，担任兵部尚书。论才艺，李林甫这个人

挺出众，他不仅会画画儿，还能写一手好字，可就是人品不端，为官很不正派。

李林甫一味地迎合皇帝唐玄宗李隆基，还用一些不正当的方法结交宦官和李隆基的宠妃杨贵妃。因此，李林甫很受唐玄宗的赏识，受到重用，他的官职越做越大，一直做到宰相。

李林甫与人结交，总是表现出非常和善的样子，背地里却常设局谋害人。

有一次，他跟同僚李适之说："华山下面蕴藏着大量的黄金，如果开采出来，能够增加国库的收入，可惜皇上还不知道这件事。"

李适之不知这是李林甫设的计谋，他连忙向唐玄宗汇报，建议皇上立即派人开采华山脚下的黄金。

唐玄宗听了很高兴，立即找来李林甫，同他商议开采黄金的事情。

没想到，李林甫却对皇上说："这件事我早就知道，华山是帝王风水集中的地方，怎么能随便开采呢？是谁建议您开采的？此人怕是不怀好意，要破坏皇家的风水。"

听李林甫这样一讲，唐玄宗认为，还是李林甫是忠臣，那个李适之是什么居心？这不是坏我皇家的风水吗？李隆基立即对李适之产生了坏坏的印象。李林甫用这种两面三刀的做法，竟然当了十九年的宰相。

要两面派的总有暴露的时候。时间久了，人们都知道了李林甫是个伪善的人，大家背地里都说李林甫"口有蜜，腹有剑"。

这个故事出自《资治通鉴》，这部历史巨著中对李林甫的评价很低。后人把人们对李林甫的评价"口有蜜，腹有剑"概括为成语"口蜜腹剑"，多用来讽刺表面说得好听，暗藏害人之心的人。

走马观花

唐朝诗人孟郊年轻的时候很不得志，隐居在嵩山，过着清贫的生活。

但是，孟郊一直也没有停止过奋斗，他在母亲的鼓励下，年轻时起就多次进京赶考，想通过科举考试，金榜题名来博取功名。

然而，孟郊屡考屡不中。他穷困的生活一直也没有什么改变。

一直到孟郊四十一岁那一年，他才时来运转，考中了进士。

孟郊当时的心情极好，他写了一首诗，诗中有这样两句："春风得意马蹄疾，一日看尽长安花。"这两句诗把他愉快的心情表现得淋漓尽致。

"走马观花"这一故事来自孟郊的《登科后》一诗，后人把这两句诗演绎为成语"走马观花"。"走马"表示骑着马跑，"观花"表示看花。诗的原意表示心情愉快。后来，这句成语的意思多指大略地观看一下。

天涯海角

韩愈，字退之，他是唐朝时的大文学家，与柳宗元齐名。

韩愈小时候命运十分悲苦，他两岁时就死了父亲。不久，韩的母亲也去世了，小时候，他跟着哥哥韩会和嫂嫂邓夫人生活。

韩愈的哥哥韩会有一个养子，叫老成，在哥哥的孩子中排行第十二，小名叫"十二郎"。十二郎是韩愈另一个哥哥的儿子，是过继给韩会的。韩会四十二岁的时候，被贬为韶州刺史，由于水土不服，再加上心情欠佳，几个月就病死在了韶州。

这时，韩愈只有十一岁，十二郎就更小了。韩愈虽然有三个哥哥，但都很早就去世了。这时，后代中能够继承祖先的，只有韩愈和十二郎了。

韩愈十九岁了，在这漫长的八九年中，他与十二郎从没有离开过。韩愈十九岁这一年，他从宜城前往京城，在后来的十年中，他和侄子十二郎只见过三次面。

正当韩愈想去见十二郎，想和十二郎长住的时候，不幸的事情发生了，侄子十二郎死了。

韩愈听说了这个消息，悲痛欲绝。撰写了《祭十二郎文》，文章中"一在天之涯，一在地之角"这两句情真意切的话流传千古。

后人把韩愈的《祭十二郎文》中"一在天之涯，一在地之角"

的句子浓缩为成语"天涯海角"，用来比喻两地距离极其遥远。

一发千钧

　　唐朝皇帝唐宪宗非常信仰佛教，当时每隔一段时间，皇上要派使者去扶风县法门寺迎接佛骨，在京城举办隆重的礼佛活动。那时候交通不便，耗费了大量的人力、财钱，弄得民怨沸腾。大文豪韩愈不赞成这样做，因此得罪了唐宪宗，被贬到潮州当刺史。

　　韩愈远离了朝廷，平日除了处理公务，倒也逍遥自在。韩愈在潮州结识了一位老和尚，这位长老聪慧，明事理，跟韩愈很谈得来。

　　韩愈在潮州没有什么亲戚、朋友，跟这位老和尚来往比较密切。不知内情的人都传说韩愈相信佛教了。

　　韩愈有个朋友叫孟郊，是一位正直的诗人，曾经做过尚书。他也反对皇上不顾国计民生，那样大肆地举办迎佛活动，因此，被皇上贬官到吉州。

　　孟郊在吉州听说韩愈信奉佛教的误传后，对此有点生气，也有点不解。因为，他所认识的韩愈在政治见解上不是这样反复无常的人呀，孟郊特意写了封信问韩愈，为什么政见如此前后不一。

　　韩愈这才知道，他与老和尚来往密切，在社会上产生了误会。

　　韩愈立即写信给志同道合的老朋友孟郊，他在信中向老朋友说明，自己与老和尚的交往，纯粹属于私交，不牵扯政治见解，他对于当时的政治形势，依然坚持原来的主张。他在信中说，朝中一班大臣信奉佛教，不守儒道，皇上疏远贤人，使儒学地位跌落，对此非常愤慨。

他在信中说："百孔千疮，随乱随失，其危如一发引千钧……"意思是说当时的朝政非常混乱，局势已经到了非常危险的地步，好像用一根头发丝，系着一千多斤重的东西。

在韩愈之前，东汉的班固在《汉书》中早就说过："夫以一缕之任，系千钧之重……"意思是说，用一根小线，系着千斤的重量，意思跟韩愈在给孟郊的信中说的话差不多。后人根据韩愈信中的话总结出成语"一发千钧"，意思是千斤重量系在一根头发丝上，比喻形势十分危险。

汗牛充栋

春秋时期，伟大的思想家、教育家孔子的思想、学问博大精深。当时，跟着孔子学习的弟子就有三千多人，孔子一边教学，一边整理和修改《春秋》，孔子说"春秋以义"，也就是说，他用《春秋》当教材，让人们明白"义"的道理。但是，孔子一生自己没有写什么著作，他每天只是进行教学活动，只是"述而不作"。

《论语》是反映孔子学说的主要著作，但《论语》是孔子的学生根据他生前讲述的言论而追记下来，编纂成书的。

自从孔子修改、整理过《春秋》后，后人给《春秋》作传、作注疏的就多起来了。当时就有《左传》《公羊传》《谷梁传》《邹氏传》《夹氏传》。其后的历朝历代，都有为《春秋》和《左传》《公羊传》《谷梁传》《邹氏传》《夹氏传》作注讲疏的，写出了很多见解不一的著作。

唐朝的大文豪柳宗元描写这种现象说："这些书堆起来能塞满整个屋子，运出去要使牛马都累得出汗——'汗牛充栋'。"

后人把柳宗元说过的话总结为成语"汗牛充栋"，这个成语一般形容家中的藏书很多。

瓜田李下

柳公权是唐朝的大书法家，他做官做到了太子少师，曾经当过工部侍郎，他是一位敢于向皇上提意见的官员。

大臣郭宁把两个女儿送进了宫中，他的女儿受到太后的宠爱。于是，皇上派郭宁到邮宁做官，这事引起百官的议论。

皇上问当时任工部侍郎的柳公权："郭宁是太皇太后的继父，做官做到了大将军，他为官又没有什么过失。现在朕不过只让他到邮宁当

个小小的地方官，这有什么
不对吗？"

柳公权说："按照郭宁
的贡献到邮宁当官，原本没
什么好争议的。可人们以为
是因为他把两个女儿送进宫
才得到这个官职的。"

皇上说："郭宁的两个
女儿是进宫陪太后的，并不
是献给朕的。"

柳公权说："人们常说'瓜田不纳履，李下不整冠'——在瓜地里
不整理鞋子，在李子树下不整理帽子。省得被人怀疑摘瓜和偷李子。
您这时候让郭宁当这个官，有'瓜田李下'的嫌疑，人们哪能不持怀
疑态度呢？"

这个故事中的成语"瓜田李下"是从古乐府《君子行》中"瓜田
不纳履，李下不整冠"引申而来的。柳公权用来比喻皇上的做法极容
易引起百官的怀疑。

司空见惯

唐朝的刘禹锡吟诗和写文章都很出色，他在考中了进士后，在京
城做监察御史，御史这个官是要得罪人的，他在朝中受到排挤，被贬
到江南苏州一带当刺史。当地有一个当过司空的人叫李绅，他非常仰

慕刘禹锡，一天，李绅邀请刘禹锡来府上饮酒，并请了歌妓在宴会上陪酒。

刘禹锡很喜欢为他献歌舞的一名歌妓，在饮酒的时候，刘禹锡诗兴大发，当场作了一首诗："高髻云鬟宫样妆，春风一曲杜韦娘。司空见惯浑闲事，断尽江南刺史肠。"

这首诗的意思是说，这名歌妓头上的高髻云鬟都是京城里皇宫中美人的装束，献上的春风一曲像有名的歌妓杜韦娘唱的一样。这样的美人在李司空的眼里是平常的事情，作为江南刺史思念美人愁断了肠。

李绅见刘禹锡对那名歌妓有无限倾慕的爱意，就把那名歌妓送给了刘禹锡。

"司空见惯"这句成语是从这首诗中得来的。"司空"是唐朝官职名。整个成语的意思是，李司空对这样的美人已经见惯了，不觉得有什么奇怪。后人用"司空见惯"形容某事常见，不足为奇。

三生有幸

传说，唐朝时有一个和尚，与他的朋友李善源一同去旅行。两人路过一处地方，看见一个孕妇在河边汲水。

和尚指着那孕妇对李善源说："这个女子已经怀孕三年了，她正在等待我去投胎，做她的儿子，我一直躲着她。可是，现在没有办法躲避了。这个女子就要生孩子了，三天后，你到她家里去看吧，如果那个婴孩儿对你笑一笑，说明那婴孩儿就是我。十三年后，中秋节的夜晚，我在杭州天竺寺等你，到那时候咱们再相见吧！"

就在这天晚上，和尚果然圆寂（死）了。那个女子也确实生了一个男孩儿。李善源照着和尚的话，三天后，到那位女子家里去探望。那男婴果然对着李善源笑了一笑。

等到十三年后中秋节的夜晚，李善源按着与和尚的约定，到天竺寺寻找和尚的踪迹。他没有见到和尚，却看到一个牧童骑在青牛背上，唱道："三生石上旧精魂，赏月吟风莫要论；惭愧情人远相访，此身虽异性常存。"

牧童唱的诗表明，他是来这里践行与人的某种约定。李善源非常惊讶，他相信了和尚生前对他说的话。

当然，这只是神话传说故事而已。"三生有幸"这个词比较早见于王实甫的《西厢记》，其中有一句唱词："不意天遣相遇，三生有幸！""三生"是佛教语言，指前生、今生和来生。"有幸"是难得的殊荣，比较幸运。一般指与尊贵的人有特殊的缘分，和其相逢、相识，就说"三生有幸"。

长安米贵

唐朝诗人白居易年轻的时候，到唐都长安参加科举考试。

那时候，参加科举考试的年轻人，都要在京城拜访一些有名望、有地位的人，向他们献上自己的诗文，求得他们的推荐。白居易也不例外，他拿着自己的诗作去拜访老前辈著作郎顾况。当顾况看到诗作上的姓名时，看了看白居易，开玩笑说："长安的米刚涨价，很贵的，居住不易啊！"

白居易听了前辈说的玩笑话，不知什么意思，有点尴尬，没敢说什么。

顾况看了看第一首诗："离离原上草，一岁一枯荣，野火烧不尽，春风吹又生……"他立即赞叹地说："好诗！好诗！能写出这样的好诗，居住在长安就容易了！"

《全唐诗话》一书中记载了这件事，后人把顾况的话概括为成语"长安米贵"，形容在都市生活的艰辛。后用来指在京城或大都市里维持生活很不容易。

万家灯火

唐代大诗人白居易在京城当官时，敢于向皇上提建议。

白居易的建议很好，却不被皇上采纳，甚至还得罪了皇上。后来，皇上贬他到外地当官，这使他能直接了解百姓的疾苦，写出了更好的诗篇。同时，还能直接为老百姓做许多好事。

白居易调回京城后，他还是爱向皇上提建议，皇上仍然不重视他的意见。于是，他主动提出到外地当官，皇上派他到杭州当刺史。

白居易到杭州后，非常重视兴修水利，他发现，杭州守着西湖，却无法把西湖的水用于灌溉，而且，在多雨的季节，杭州还会发生涝灾。于是，他领导杭州人民在西湖筑起一道长堤。使西湖蓄水能力大大提高，既能防止水灾，在遇到旱灾时，还能抽出西湖的水用于灌溉。杭州人民切实感觉到白刺史做实事给大家带来的好处，把这道堤称为"白堤"。

白居易在杭州度过了一段愉快的时光，晚上，白居易有时到杭州街巷里，与民同乐。他在西湖之畔留下了许多优美的诗作，其中有一首七律《江楼夕望招客》，诗中有两句是这样写的："灯火万家城四畔，星河一道水中央。"

后人把白居易的诗概括出一句成语"万家灯火"，一般用来形容繁华都市中优美的夜景。

一事无成

较早出现"一事无成"这个说法是在唐代大诗人白居易写给诗人

元稹（字微之）《除夜寄微之》一诗中："鬓毛不觉白毵毵，一事无成百不堪。"

这两句诗的意思是说，不知不觉，两鬓的头发已经花白花白的了，我还一事无成，各种事情都不能如愿。后人把这诗句凝炼为成语"一事无成"。

唐朝的时候，有个人当了省里的郎官，他做官道路并不顺利。所以，他常外出散心，寄情于山水之间。这天，此人外出游玩儿，来到一座寺院，玩累了寄宿在寺中。

晚上，他做了一个梦，梦见自己走到一块岩石下，碰到一位老和尚。老和尚面前有一座小香炉，香炉中冒着袅袅的青烟。老和尚对他说："香炉中的香还是你许愿时留下的，现在，你已做了三世人了。第一世是在唐玄宗的时候当剑南安抚巡官，第二世是在唐宪宗的时候当西蜀书记，第三世是担任现在的省郎官。"

他听了老和尚的话，认为自己三世做官都是庸庸碌碌的，一事无成。从此，就不再当这个芝麻官，逍遥自在去了。

后人根据白居易的诗句总结出"一事无成"这句成语。上面这个故事显然不是真的，说明到了唐朝后期，社会上已经广泛使用"一事无成"这个成语了。

沆瀣一气

自隋唐起，读书人要想做官，就必须在科举考试中取得功名。

唐朝时，在京城长安举行最高级别的科举考试，各地取得一定资格的读书人，都要到长安来应考。

各地来京城的考生中有个叫崔瀣的人。这个人很有才气，考试完了以后，他觉得自己考得很好，就等着金榜题名了。

主持考试的人叫崔沆，他在阅读崔瀣的卷子时，越看越觉得崔瀣的文章写得好，崔沆大笔一挥，就把崔瀣录取了，崔沆觉得自己发现了一个真正的人才。

发榜这天，崔瀣看到榜上有自己的名字，十分兴奋。

按规矩，考试被录取的人，都算是主考官的门生，主考官就算是被录取人的座主，门生管座主叫恩师。发榜后，门生们都要去拜谢恩师，崔瀣也得这么做。

崔瀣拜见崔沆时，崔沆见到这位同姓又有才气的门生，很高兴。

谁知，崔沆和崔瀣的名字合起来，竟成为一个词——"沆瀣"。"沆瀣"这个词在唐代时表示夜间的雾霭和露水。

当时，拜见恩师的不只崔瀣一个人，拜见崔沆的其他门生中，有个爱开玩笑的人，把这两个字合在一起，编成两句话："座主门生，沆瀣一气。"这两句话的意思是说，崔沆和崔瀣师生二人就像是夜间里的雾霭、露水连在

一起，一点贬意都没有。

这个故事出自宋朝《南部新书》，后人把后一句提练出来概括为成语"沆瀣一气"。"沆瀣一气"这句的成语过了多少代后，意思完全变成贬意词了，比喻臭味相投的坏人聚集在一起。崔沆和崔瀣要是活着，恐怕会被活活气死。

豹死留皮

唐朝灭亡以后，历史进入五代时期，唐朝的大将朱温灭掉唐朝后，建立了后梁。朱温手下有一个能征惯战的战将叫王彦章，王彦章善使一杆长枪，武艺高强，屡立战功，深受朱温重用，梁朝的人都称他为"王铁枪"。

朱温死后，他的儿子朱贞即位。这时，后梁受到后唐的巨大威胁。

这一年，后唐大军进攻后梁。王彦章奉命率领军队抵抗，但寡不敌众，不幸被俘。

后唐皇帝劝王彦章投降。王彦章坚决地说："豹死留皮，人死留名。只有断头将军，没有投降将军。"

王彦章宁死不降，最后，被后唐的部队杀害。

这段故事出自《新五代史·王彦章传》，后人根据他的话概括出一句成语"豹死留皮"，原意是豹子死了留下皮，引申的意思是人死后留下好名声。这句成语也可以说成"豹死留皮，人死留名"。

车水马龙

五代十国时，偏安于南方的南唐被北宋王朝所灭，亡国的南唐皇帝李煜不得已而投降了北宋。

李煜不是好皇帝，但是，他是一位多才多艺的艺术家。李煜精通书法，擅长绘画，懂得音乐，尤其精通诗词，词写得很好，他被称为"千古词帝"。

李煜被宋军俘虏后，受尽了屈辱，他创作了许多爱情和怀念故国的词，他写过一首《望江南》，词中有这样的句子："多少恨，昨夜梦魂中。还似旧时游上苑，车如流水马如龙。花月正春风。"正是由于他总写这样的怀念故国和回忆当年帝王生活的词篇，最后，被宋太宗赵光义毒死。

后人把李煜的词概括为成语"车水马龙"，用来形容都市的繁华、交通的热闹景象。

半部《论语》

赵普是北宋初期著名的宰相，他是辅佐宋太祖赵匡胤夺取天下的

重要谋臣。

赵匡胤在后周时期是禁军将军。周世宗时，他官至殿前都点检。周世宗柴荣死后，恭帝即位。赵普曾经为赵匡胤出谋划策发动了"陈桥兵变"，赵匡胤谎报契丹联合北汉大举南侵，他领兵出征，在陈桥发动兵变，黄袍加身，当了皇帝，建立宋朝，定都开封。在"陈桥兵变"中，赵普是一个重要角色。

后来，赵普又跟着赵匡胤东征西讨，为统一全国立了大功。所以，赵匡胤任命赵普当宰相。赵匡胤死后，他弟弟赵光义当了皇上，即宋太宗。

这时，一代文人起来了，赵普这些老臣显得知识落后了。有人在赵光义面前说赵普的坏话，说赵普没有读过几本书，他所读的书只有一部《论语》。

《论语》是儒家最重要的经典著作，是孔子的学生根据老师生前说的话编纂成的，对历朝历代影响极大。

一次，赵光义问赵普："有人说，爱卿就读过《论语》这一本书，是这样的吗？"

这显然是有人故意贬低赵普，他听了一点儿也不生气，说："臣平生所知道的，确实没有超出《论语》这一本书的内容。臣用半部《论语》辅佐太祖（赵匡胤）打天下，今天又用半部《论语》辅佐陛下您治理天下。"

其实，赵普平生绝不只读过一本《论语》，他是用淡定的态度对待人们的攻击。作为一名宰相，平生的政治经验也够年轻后生学一辈子的。有趣的是，赵普死后，家人打开他的书箱，里面果然只

装着一本《论语》。

这个故事来自宋朝人罗大经写的《鹤林玉露》这部书，后人把这个故事总结为成语"半部论语"，形容政治经验丰富，而读书不多的开国功臣、老政治家。当然，这个故事也是儒家学者对于孔子的学说的歌颂和推崇，用来强调《论语》的重要性。

划粥割齑

范仲淹是北宋的政治家、文学家。他在军事上也表现出了卓越的才能，担任过陕西西路安抚史，多次打败过西夏族的入侵。著名的散文《岳阳楼记》就是他写的，其中"先天下之忧而忧，后天下之乐而乐"的名句被人千百年传诵。

范仲淹三岁时，父亲因病悲惨地死去，他随母亲改嫁到别人家。十几岁时，范仲淹来到醴泉寺读书，拜名师学习治国安邦的知识。这段时间，范仲淹生活非常艰苦，早晨，他熬一锅粥，他把粥划成几块，把咸菜切成碎末——"划粥割齑（jī）"，早晚各吃两块粥。

一天，范仲淹读完书，正在喝粥。

一位同学来看范仲淹，发现他的伙食这样糟糕，就拿出钱来让范仲淹改善伙食，被范仲淹谢绝了。

这位同学见范仲淹不肯收钱，第二天送来许多美味佳肴。

几天后，这位朋友又来拜访范

仲淹，朋友惊讶地发现，他上次送来的鸡、鱼都发霉了，范仲淹连一筷子都没动过。

这位朋友不高兴了，他生气地说："范兄，你也太清高了，一点儿食物都不肯接受，让我太伤心了，我们还算是朋友吗？"

范仲淹连忙解释说："我不是不吃，而是不敢吃。我担心吃了鸡和鱼之后，就再也咽不下粥和咸菜了，你的好意我领了。"

朋友听了，更加佩服范仲淹人品高尚。

一次，有个朋友问起范仲淹的志向。

范仲淹说："不当个好医生，就当个好宰相。医生为人治病，好宰相治理国家。"他读书不是为个人升官发财的想法，让这位朋友非常敬佩。

后来，范仲淹没有当上医生，而是从政当了参知政事（相当于副宰相），提出许多利民利国的措施，实现了早年的志向，成为一代名相。

这个故事出自《宋史》，后人根据这个故事总结出成语"划粥割齑"。"划粥"指把粥划成几份儿；"割齑"，是指把咸菜切成末，当调味品。形容某个人生活艰苦朴素。

胸有成竹

北宋有个大画家叫文同，字与可。文与可画竹子远近闻名，他画的竹子栩栩如生，千姿百态，每天都有不少客人上门来求他的画。

文与可竹子画得那么好，有什么秘诀呢？这与他爱竹子、种竹子、观察竹子有关。

文与可在自己家的房前屋后种了许多竹子，那些竹子都长得繁茂

无比，如果文与可只善于种竹子，那他就只能当一个园丁了。

文与可有一个怪癖，无论春夏秋冬，还是刮风下雨，他天天都到竹丛前观察竹子生长变化的情况。文与可一边看，一边琢磨竹枝的长势，叶子的形状，叶子在不同的情况下有不同的状态，他只要在画桌前一站，竹子的各种形态就浮现在眼前。所以，他画出的竹子，无不生气勃勃，逼真传神，受到众人的好评。

当别人夸奖文与可画的竹子时，他总是谦逊地说："我只是把心中想好的竹子画下来罢了。我在画竹前，竹子的各种形态早就了然于胸了。"

有个年轻人想学画竹子，他知道诗人晁补之对文与可的画很有研究，就向晁补之请教文与可画竹子的诀窍。

晁补之当即为他写了一首评价文与可画画的诗，他的诗中有两句是这样说的："文与可画竹，胸中有成竹。"

这段故事出自北宋苏轼《文与可画筼（yún）筜（dāng）谷偃竹记》。后人把这个故事概括为成语"胸有成竹"，比喻做事之前已有充分准备，对要做的事情有十足的把握。

河东狮吼

黄州新洲的三店街在宋朝的时候叫龙丘。龙丘这个地方住着一个

文人叫陈季常。

陈季常的父亲官做到了太常少卿，照常人推测，他应该继承父业，做官为宦。然而，陈季常这个人狂放傲世，豪爽任侠，又好喝两口酒，在官场上，他这种人哪里吃得开呀？所以，他一生怀才不遇。于是"毁衣冠，弃车马，遁迹山林"，隐居在三家店。

陈季常经常邀一帮朋友到家中来喝酒，还让歌妓在宴会上唱歌、陪酒。陈季常的老婆柳月娥是有名的"醋坛子"，看到丈夫与客人喝酒，还有歌妓陪着，常常醋意大发。有时候，她就在相邻的房间用木杖击打墙壁，还不时地大呼小叫，对丈夫施以"警告"。她这样做，让陈季常在朋友圈儿里丢尽了面子。

大文豪苏轼被贬官来到黄州，两位大才子常在一起饮酒写诗，非常快乐。偏偏苏轼也是一位豪爽任侠、行为放纵的人，二人一见如故，成了好朋友。

这下，陈季常的妻子柳月娥不乐意了。一天，苏东坡邀陈季常出去游玩，妻子柳氏担心丈夫和不好的女人结交，不准他去。陈季常说如果这样愿受惩罚，柳氏这才同意了。

陈季常春游回来后，柳氏打听到果然有歌妓陪陈季常和苏东坡游玩，就要打丈夫。陈季常怕挨打，苦苦哀求，最后，柳氏同意丈夫改在水池边罚跪。

恰好苏东坡又到陈季常家来访，见陈季常这副熊样子，认为柳氏不该这么蛮横，用大道理批评柳氏，两人争吵起来。柳氏觉得苏东坡带着自己的丈夫接触歌妓，又来指责自己，就把他赶出去了。

苏东坡一气之下，写了一首打

油诗，在诗中写道："龙丘居士亦可怜，谈空说有夜不眠。忽闻河东狮子吼，拄杖落手心茫然。"他用"忽闻河东狮子吼"来形容柳氏蛮横的态度。

这个故事出自《容斋三笔》，后人把苏东坡的诗概括为成语"河东狮吼"。"河东"代指柳氏，因柳氏是河东人；"狮吼"指大喊大叫。以后人们就用"河东狮吼"形容冲着丈夫大喊大叫态度蛮横的妻子。

米芾拜石

北宋的大书法家、画家、收藏家米芾酷爱奇石，皇上派他到无为军当知府。他见州府衙门的奇石非常好，他立即向奇石叩拜。

一次，米芾外出时，看见一块怪石，竟然绕石三天，不肯离去，后人在这里还修了一座拜石亭。

米芾的衣袖内常藏着奇异的怪石把玩，他把这种做法称为"握游"。

米芾玩石竟然荒废了政务，长官来调查这事，质问他："你怎么不管政务呢？"

他把玩着石头说："这样美的石头，怎能不喜爱呢？"

米芾又拿出一块石头把玩，接着，米芾又拿出第三块石头说："这样好的石头，怎能不喜爱呢？"

这位长官终于禁不住石头的诱惑，从米芾手里夺过一块

石头说："难道只有你喜欢？我也喜欢。"

这位长官心满意足地回去了。

这个故事出自《宋史·米芾传》，后人把这段故事总结为成语"米芾拜石"。这个成语有时用于形容人有喜欢一种东西的怪癖，有时也用于喻人玩物丧志。

巧取豪夺

北宋时期的米友仁是一位书画家，米友仁和他父亲米芾一样，会写一手好字，画一手好画，他们父子在中国书画界都有极高的地位。

米友仁同时还是一位收藏家，他酷爱书画，尤其喜欢古代书画作品。为了得到古人的真迹，米友仁玩尽了花样，简直到了不择手段的地步。这一点，受到大文豪苏轼辛辣的批评。

一次，米友仁在船上发现同船的人有一幅王羲之的真迹，非要拿一幅好字来换这幅字。那字的主人也是一位识货的行家，不愿意换。急得米友仁直要往水里跳，幸亏有人把他抱住，才没有出事。

米友仁有一手绝活，临摹的功夫特别好，也就是说，他特别擅长制作假画。

他在涟水的时候，向别人借到一幅《松牛图》，他把画临摹下来。《松牛图》的主人来讨画的时候，他把画还给了人家。

过了些日子，《松牛图》的主人又来讨画了，米友仁说："我还给你了呀！"

画的主人气哼哼地说："你还给我的是赝品。"

米友仁问那人是怎么看出来的。画的主人说原画牛眼眸里有牧童

的影子，而赝品没有。

米友仁没有办法，只好把原画还给了人家。

这个故事说明，米友仁临摹造假的功夫极高，他临摹得真像，也说明，他还算诚实，人家找后账的时候，他把原画还给了人家。

米友仁喜欢艺术品没错，但他用不正当手段取得属于别人的东西应该受到批评。大文学家苏轼在为米友仁收藏的书画作品题写的跋诗中讥讽了米友仁这种巧取豪夺的做法："怪君何处得此本""巧偷豪夺古来有"。

此故事出自苏轼《次韵米黻二王书跋尾》的诗中，后人把"巧偷豪夺古来有"浓缩为"巧取豪夺"这句成语，讽刺有些人用不光彩的手段，巧取甚至豪夺本不属于自己的东西。

名落孙山

宋朝的时候，江南吴地有一个叫孙山的才子，孙山平时很幽默，也很会说笑话。他说笑话从来不挖苦别人，有时候还能化解十分尴尬的局面。

孙山读书很用功，古时候，读书就是为了博取功名，孙山也是一样。这一年，孙山和邻居的儿子一同前往省城，参加省里举办的乡试。

考完试发榜的时候，孙山乡邻的儿子没考中，孙山虽然榜上有名，在榜上却是倒数第一名。

孙山为了让家人也分享他考中的快乐，他先于乡邻的儿子回到家里。那位乡邻知道孙山已经回来了，立即来找他，问自己的儿子有没有考中。

乡邻这一问，可让孙山为难了，这位乡邻对儿子的前途满怀着希望，怎么向对方说他的儿子没有考中呢？可他又没有办法隐瞒这件事情。于是，孙山发挥了幽默的才智，随口念出两句顺口溜来："解元尽处是孙山，贤郎更在孙山外。"

"解元"原指乡试中的第一名，这里泛指一般的举人。全诗的意思是说，看乡试的榜单看到了尽头是我孙山的名字（最后一名），您的儿子则在我孙山之外（没考上）。

他的邻居一下子明白了孙山念的顺口溜的意思，只好红着脸回家去了。一个尴尬的局面就让孙山用幽默的话语给化解了。

这个故事来源于宋朝人范公偶编的《过庭录》，后人把孙山这两句诗概括为成语"名落孙山"，比喻在考试中落榜，没有考上。

程门立雪

北宋时出了一位学者，叫杨时。他小时候非常聪明，擅长写文章。年纪大一些，专门研究经史。后来，杨时考中了进士。这时，理学大

师程颢和弟弟程颐在熙宁讲授孔子和孟子的学说。河南洛阳一带的学者都去拜他俩为老师。

为了拜这两位学者为师，朝廷任命杨时做官他都没去。杨时以学生的礼节拜程颢为师，虚心向程颢请教学问，他的学问、修养颇受老师程颢器重。杨时回家乡时，程颢感叹地说："我的学问将要向南方传播去了。"

四年后，程颢去世了。杨时因为路途遥远，无法前往吊唁，就在自己的家中设了灵堂拜祭老师程颢。

后来，杨时又到洛阳去拜见程颐，这时，杨时已经四十多岁了。

这天，杨时和他的同学游酢去拜见程颐，不料，正赶上程颐闭着眼睛坐着休息。杨时和游酢就立在门外等候着，天上正下着鹅毛大雪。程颐睡醒的时候，门外的雪已经下了一尺多了。他发现两位学生身上已经积了很厚的雪，连忙让杨时和游酢进屋。不一会儿，厅堂里就响起了老师授课的声音和两位学生琅琅的读书声。

由于杨时的品德和威望一天天高起来，有的人不远千里来同他会面，与他交流。晚年时，杨时隐居龟山，学者们尊称他为"龟山先生"，称杨时所创学派为"龟山学派"。

这个故事来自《宋史》，后人把杨时和游酢在程家厅堂门口侍立的事概括为成语"程门立雪"。喻指学生或者后生尊师重道，向德高望重的人学习时虚心谦恭的态度。

精忠报国

　　北宋末年，著名将领岳飞出生在河南汤阴县一个贫寒之家，岳飞的母亲是个有见识的女子。这天，母亲让岳飞去买纸笔，她要亲自教儿子读书。岳飞从外面端回一簸箕沙子和几根小棍，他说："娘，就用沙子当纸，用棍儿作笔，节省下银子过日子吧。"就这样，岳母在沙子上教岳飞读书写字。岳飞生长在国难当头的年代，北方的金国常常入侵北宋，岳飞认为光读书是不能报效国家的，他刻苦练习武功，几年后，岳飞成为一位文武双全的青年。

　　公元1126年，金军攻陷北宋东京汴梁，俘宋徽宗、钦宗二帝，北宋灭亡。赵构公元1127年在南京（今商丘）即位，是为南宋高宗。国破山河碎，岳飞在家呆不下去了，他要去参军。传说，岳飞离家前，岳母让岳飞跪下，用烧红的针在他背上刺了四个大字："尽忠报国"。岳母一边刺，一边叮嘱说："你要一心一意地报效国家，不要挂念家里！"岳飞忍着疼痛，说："母亲的话，孩儿记在心里了！"（据史学家考证，岳飞背上确实刺着四个字"尽忠报国"，而没有文字记载这四个字是岳母所刺。后来，宋高宗赵构接见岳飞时，曾经赐给岳飞"精忠岳飞"四个字，后人在编写岳飞的故事时，把他背上刺的字写成了"精忠报国"，并且把刺字者写成了岳母。）

　　岳飞在作战中屡立战功。他非常仰慕抗金名将宗泽，前去投奔宗泽。南宋朝廷分为主战派和投降派，宗泽是主战派首领，处处受投降派打击，不久，宗泽在忧愤之中死去。临死前，他连连大喊："收复汴京！渡过黄河！"岳飞非常难过，他率领着孤军在战场上与金兵周旋。

　　这年，金国大将金兀术率大军进攻南宋首都临安，岳飞奉命去解围。岳飞的部队来到广德和金军大战，把金兵打得大败。金兀术撤了

包围临安的部队，撤退中和岳飞的部队连打四仗，金兀术都吃了败仗。岳飞收复了被金兵占领的建康，他的部队受到百姓热烈的欢迎，人们把他的部队称为"岳家军"。就连金兵都不得不服气地说："撼山易，撼'岳家军'难！"

南宋皇帝赵构见岳飞打败了包围临安的金兵，召见了岳飞。赵构降旨说："来呀，赐给岳爱卿一面军旗！"军旗上绣着四个大字："精忠岳飞"

岳飞回到军中，率军收复了湖北、河南许多州县。朝中投降派活跃起来，赵构派奸臣秦桧与金国议和。秦桧与金国达成屈辱的和约，向金国称臣，答应每年向金国进贡白银和绸缎。岳飞非常痛心，他几次上书请求赵构不要议和，即使达成和约，金兵喘过气后，还会卷土重来的。果然，一年后金兵再次大举进攻南宋，赵构不得不命令岳飞和主战将领应战。

岳家军和一万五千名金兵在郾城遭遇了。金兀术带来一支叫"铁浮图"的特种部队，什么叫铁浮图呀，就是把三匹马连在一起，人和马都披上铠甲。第一次交战时，岳家军不熟悉这种战法，败下阵来。岳飞来到阵前观看"铁浮图"，他发现，这支部队并不是没有弱点，他想出了对付"铁浮图"的妙计。再交战时，岳飞派出一支长刀、大斧队，让士兵专砍敌军露在外面的马腿，一匹马腿被砍断了，一组"铁浮图"就瘫痪了！嘿！"铁浮图"变成了肉团子！岳家军向着翻滚在地的金兵大杀大砍，杀得金兵哭爹叫娘，闻风丧胆！

在岳家军接连打胜仗时，投降派还想和金国讲和。金国

提出先杀岳飞才能讲和。宋高宗一天中向岳飞连下十二道金牌，命令岳飞撤兵。岳家军拼着性命收复的土地又被金兵占领了！

回到临安，秦桧诬告岳飞谋反，把岳飞和他的儿子岳云，以及部下战将张宪逮捕。抗金名将韩世忠质问秦桧，有什么证据说岳飞谋反，秦桧只是说"莫须有"，意思是说"也许有吧"！在一个凄风苦雨的夜里，投降派的爪牙把岳飞父子和张宪勒死在风波亭上，造成了千古奇冤。

十二年后，高宗赵构去世，孝宗赵昚（shèn）即位。在人民强烈要求下，宋孝宗颁旨为岳飞平反昭雪，用隆重的礼节把岳飞改葬在临安的西湖边上，人们把岳飞的坟叫做"岳王坟"。每年都有成千上万的人来到岳王坟，悼念这位功勋卓著的著名将领。

后人把岳飞母亲在他背上刺的字提炼成成语"精忠报国"，意思是竭尽忠诚，报效国家。

柳暗花明

陆游是南宋著名诗人，他一生写了大量的诗篇，在金兵大举进攻、北方大片国土沦丧的情况下，陆游力主抗战，收复国土。

陆游一度受到皇上宋孝宗的重视，召他入朝当了军器少监。但是，当时朝中是主和派当道，奸臣不断地排挤陆游，说他一天到晚总是赏花吟诗，不理政务，皇上偏听偏信，最后还是不用他了。

陆游怀着满怀的悲愤，回到绍兴老家闲住。

一天，陆游到山西村拜访一位朋友，那位朋友和左邻右舍见陆游来访，都热情款待他，家家户户设宴相迎。

乡间淳朴的民风令陆游感动，他诗兴大发，写下了《游山西村》

的著名诗篇："莫笑农家腊酒浑，丰年留客足鸡豚。山重水复疑无路，柳暗花明又一村。箫鼓追随春社近，衣冠简朴古风存。从今若许闲乘月，拄杖无时夜叩门。"

诗中所描写的山村美好的景色，热情的村民的好客，淳朴的民风，极大地感染了诗人陆游，把他在政治上的失意，壮志未酬的郁闷心情一扫而光。

这首诗中有"山重水复疑无路，柳暗花明又一村"这样两句流传千古的名句。后人把这两句诗浓缩为"柳暗花明"这句成语形容绿柳成荫、繁花似锦的景象。也比喻经过一番曲折后，出现新的局面。多指由逆境转变为充满希望、前途光明的顺境。重重困难之中，似乎无路可走了，忽然遇到了转机，在复杂的情况下一下子找到了解决难题的办法。